A [...]

Rien ne vous arrête !
Mais le silence vous
effraie ! Pourquoi ?
Derrière le silence,
il y a quelque
chose --- Amitiés B

LUCILE Y JEAN-PIERRE GARNIER MALET

Cambia tu futuro
por las aperturas temporales

*Cuando la ciencia descubre
una verdad olvidada: ¡Nuestro Doble!*

© Lucile y Jean-Pierre Garnier Malet

Traducción del original francés: Carolina Rosset Gómez

© De esta edición:
Carolina Rosset Gómez
www.editorialreconocerse.com

Primera impresión: mayo de 2012

ISBN: 978 84-940168-0-6
Depósito legal: SS-771-2012

Fotocomposición:

ÍNDICE

*Para alcanzar la verdad, es necesario, una vez en la vida,
desprenderse de todas las ideas recibidas,
y reconstruir de nuevo y desde los cimientos
todo nuestro sistema de conocimientos.*

RENÉ DESCARTES

PRÓLOGO

Jean-Pierre Garnier Malet*

Si estáis agobiados por el calor durante una caminata y os encontráis con una fuente de agua bien fresca, vaciáis rápidamente el agua tibia que os queda en la cantimplora y la volvéis a llenar con el agua fresca para así apaciguar vuestra sed. Igualmente, al descubrir estas páginas, deberíais vaciar vuestra memoria de todo lo que habéis aprendido para poder volverla a llenar de nuevas ideas y conocimientos. De esta manera, cada día partiréis con nuevas bases tan sorprendentes como necesarias.

En efecto, en este libro vamos a intentar mostraros la amplitud de un descubrimiento revolucionario relacionado con el pasado, presente y futuro.

¡No os engañéis! Esta lectura implicará un cuestionamiento total de vuestra forma de vivir. Utilizándolo en el día a día podréis reencontrar fácilmente un equilibrio individual, físico o psíquico, familiar o profesional.

Es, sobre todo, el griego antiguo el que me ha hecho entender la importancia y la universalidad de este descubrimiento científico. De esta cualidad añadida ha resultado una enseñanza sencilla, capaz de ayudar a cada uno a resolver sus problemas.

_____

*Ver publicaciones científicas en www.garnier-malet.com

Con aplicaciones fáciles y espectaculares ha sido posible demostrar rápidamente lo que ya podíamos afirmar: recobrar el equilibrio perdido, controlando el pasado y el futuro, es tan fácil como el ponerse en situaciones difíciles y hasta imposibles o de enfermarse por ignorancia.

Los resultados nos han mostrado la prodigiosa eficacia de esta enseñanza que no necesita ningún conocimiento científico especial.

Es, pues, por medio de explicaciones y ejemplos concretos, que os vamos a mostrar las bases principales.

Un descubrimiento universal: el alfa y el omega[1]

Este descubrimiento científico relacionado con el desdoblamiento del espacio y del tiempo tan sólo saca del olvido una ley muy antigua. Me gustaría poder transmitiros mi sor presa al descubrir que el griego es el idioma del conocimiento universal, sin duda, muy anterior a los demás idiomas. En efecto, el movimiento de desdoblamiento obliga a las partículas a seguir bifurcaciones: hay veintisiete principales. Cada una de ellas forma una letra del alfabeto griego.

Durante mi infancia, en el colegio de los jesuitas, en aquella época, aprendíamos «humanidades». El aprendizaje de las lenguas muertas era tan importante como las matemáticas y la física. Yo cursé con ellos mis estudios de segundo ciclo, y como todo escolar helenista de aquella época, yo sabía que el griego tenía un alfabeto de veinticuatro letras: del alfa al omega. ¡Cuál no fue mi sorpresa al descubrir tres letras olvidadas! Esto me alentó en este descubrimiento sorprendente.

---

1. Ver anexo 0.

Entendí el paso de un pequeñísimo alfa a un enorme omega. En efecto, la teoría del desdoblamiento necesita de un cambio de escala: el horizonte de una partícula se convierte en partícula de un horizonte más grande. Me parecía entonces que había una relación evidente entre la partícula (alfa minúscula) y su horizonte (omega mayúscula) puesto que, según mi teoría, el omega era a su vez una partícula (omega minúscula) en un horizonte más grande (alfa mayúscula). Las minúsculas y las mayúsculas tomaban una importancia matemática capital.

No era pues pura casualidad si en el pasado, las letras griegas también servían para contar. Esta numeración me permitía demostrar que estaba en realidad relacionada con la sencilla cuantificación del movimiento de desdoblamiento.

Entonces fue fácil demostrar que el vínculo entre el alfa ($\alpha = 1$) y el omega ($\Omega = 800$), era el rhô ($\rho = 100$) y que, por consiguiente, era normal que la palabra $\Omega\rho\alpha$ (Oura) pudiera significar en el griego original la «división del tiempo».

Los que habían creado este idioma sabían a ciencia cierta que existía un desdoblamiento de los tiempos debido a aceleraciones sucesivas de su transcurrir y que para vivir, había que utilizar un pasado, un presente y un futuro «al mismo tiempo».

Esta nueva noción que intentaremos explicaros lo mejor posible, ilustra perfectamente lo que Platón, escribía en Timeo-Critias, cinco siglos antes de J.C.:

Se trata de divisiones del tiempo. Ciertamente decimos que él «era», «es» y será», pero, a decir verdad, sólo la expresión él «es» se aplica al Ser que es eterno.

¡Os dirán que este hombre fue iniciado en Egipto durante doce años! ¿No sería más lógico pensar que estuvo allí como profesor más que como alumno? En efecto, la ley del desdoblamiento no se encuentra de manera tan precisa y rigurosa, en los egipcios. Sin embargo, éstos tenían conocimientos de arquitectura, matemáticas y astronomía que son todavía revolucionarios en nuestros días.

¿Con qué podemos quedarnos para nuestro día a día si no es con el hecho de que en la antigüedad sabían usar mejor que nosotros el futuro, para vivir bien? Entonces, ¿por qué no intentar re-encontrar ese modo de empleo, puesto que además llegamos al final de un ciclo de desdoblamiento de los tiempos de 25.920 años?

Llamada «año platónico», esta duración —dada con precisión por la teoría del desdoblamiento y correspondiente a la observación de la célebre precesión de los equinoccios— era antiguamente, bien conocida. ¿Por qué no pensar que ya había sido calculada de forma rigurosa por la teoría llamada del alfa y del omega?

San Juan escribía al final de su Apocalipsis, que el Creador era el alfa y el omega, el primero y el último, el principio y el fin[2].

Y «el final (de un ciclo de división) de los tiempos» que vivimos actualmente —y vamos a ver el cómo y el porqué— permite descubrir el pasado y el futuro que, hasta ahora, estaba escondido detrás del biombo de esta división.

La palabra griega apo-calypsos solamente designa el descubrimiento de un potencial que se nos ofrece. ¡Comprendamos pues, su modo de empleo para poder beneficiarnos de este Apocalipsis! ¡En efecto, en nuestros días sufrimos sus perjuicios por simple ignorancia de las leyes universales!

---

2. Apocalipsis de San Juan.

I

APLICACIONES INMEDIATAS Y ESPECTACULARES

que probarlo y, sobre todo, teníamos que mostrar la sencillez de tal acción. Una ciencia sin aplicación clara en el día a día es inútil para el común de los mortales.

I.1
EL DESDOBLAMIENTO DEL TIEMPO

> Desdoblarse para explorar un espacio no es ninguna imaginación,
> es una ley física que permite crear el mejor futuro antes de vivirlo.

Todo empieza por un desdoblamiento del tiempo

Ya estamos acostumbrados a un desdoblamiento del espacio, aunque sólo sea para comparar resultados. ¡Encerrad ratas u hombres en dos jaulas idénticas, para superar el mismo obstáculo, alimentadlos de manera diferente y luego observad los resultados! Podéis deducir que unos alimentos son mejores que otros.

El uso de dos espacios similares permitiría pues prever un mejor futuro. Este tipo de experiencias son llevadas a cabo de manera habitual en los laboratorios farmacéuticos o en competiciones deportivas, para probar la eficacia de un medicamento, de un alimento o de un entrenamiento. En nuestra vida diaria, no dejamos de comparar nuestras experiencias del pasado, para así intentar revivir la mejor.

El desdoblamiento del tiempo va mucho más lejos.

Imaginaos que utilizáis dos mundos idénticos en donde el tiempo no transcurre a la misma velocidad. Mientras un tiempo imperceptible de una mil millonésima parte de segundo transcurriría en el primero, el segundo viviría en un tiempo acelerado, digamos que durante horas, lo cual permitiría aprender tranquilamente cual es la mejor manera de franquear ciertos obstáculos. Un intercambio de información entre los dos mundos daría de manera instantánea en el tiempo normal la información necesaria para llegar directamente al objetivo de manera instintiva o intuitiva. Además, los numerosos fracasos realmente vividos en un mundo serían memorizados en el otro para de esta manera nunca tener ni ganas ni la idea de vivirlos.

El éxito vendría de la actualización de la mejor experiencia gracias a un buen intercambio de informaciones debido a aperturas entre ambos tiempos. Claro está, cada pregunta tendría múltiples respuestas creando así infinitos futuros posibles, y cada respuesta sería la consecuencia instantánea de la mejor elección entre esta diversidad de potenciales.

Ahora bien, para estar seguros de tener la respuesta adecuada a la pregunta adecuada, no sería mejor ¿«desdoblarse» en ambos tiempos?

Fue demostrado hace muchos años que la relatividad del tiempo estaría de esta manera al servicio del hombre, como todas las otras propiedades científicas perfectamente establecidas. En efecto, este desdoblamiento permitiría crear, poco a poco, potencialidades futuras y actualizar inmediatamente, de manera instintiva, la mejor de ellas.

El movernos hace que envejezcamos más lentamente

Todos habéis oído hablar de la relatividad del tiempo establecida por Einstein, y a pesar de ello, no os creéis capaces de entender y, sobre todo, de poner en práctica, una teoría tan complicada establecida por este gran genio. Sin embargo, sois mucho más sabios de lo que imagináis pues usáis esta propiedad física a cada instante, para vuestra supervivencia. Ésta está tan inculcada en nosotros que no le prestamos ninguna atención. Hemos nacido con ella y la utilizamos continuamente para nuestra supervivencia. La conocemos tan bien y nos parece tan lógica, que la ignoramos, pura y llanamente. Sin embargo, es fácil recordarla, sin necesidad de creernos sabios.

Esta curiosa relatividad fue de tal exactitud, que al principio del siglo pasado, revolucionó la ciencia al tiempo que hacía soñar al mundo entero. Como una piedra en una charca, las ideas de Einstein relativas al tiempo salpicaron el planeta. Sin embargo, la mayoría de los científicos de aquella época no les veía ninguna aplicación práctica. ¿Cómo podría ser que no envejeciéramos de la misma manera en todas las partes del universo?

¿Nos permitirían los viajes en tiempos diferentes convertirnos en el padre de nuestra madre o en el hijo de nuestro hijo? Las suposiciones avanzaban a buen ritmo pero nadie imaginaba que dos relojes idénticos podían girar a velocidades diferentes alejándose o acercándose el uno del otro.

En 1923, un sabio[1] explicaba, a partir de cálculos sencillos pero rigurosos, que saliendo de la tierra a una velocidad cercana a la velocidad de la luz, un cosmonauta recibiría una gran sorpresa a su regreso veinticinco años después: el mundo habría envejecido dos mil años[2]. Su nave sería considerada como un objeto volador de difícil identificación. Sus inquietudes y su lenguaje darían la impresión de un pasado cumplido.

Observar el futuro

¡Imaginaros que sois ese cosmonauta! A vuestro regreso descubrís una evolución terrestre de veinte siglos. Los beneficios de ese viaje serían considerables. Sin necesidad de largas reflexiones podríais empezar a utilizar nuevas técnicas, evitar obstáculos y seleccionar en un instante las mejores soluciones. Basta con ver la evolución desde

1. Langevin, *La física desde hace veinte años,* Doin, 1923.
2. La velocidad de la luz es de 299.792 km/s en el vacío. En el ejemplo comentado, la velocidad del cosmonauta sería de 299.777 km/s.

Jesús hasta nuestros días para entender que tendríais inmediatamente la mejor visión de todas vuestras posibilidades de porvenir. Dicho de otra manera, debido a este viaje ultrarrápido, tendríais a vuestra disposición «futuros potenciales» que podríais «actualizar» a vuestra conveniencia para vivir mejor en su tiempo ralentizado.

Al entender el beneficio de estos viajes, tendríais ganas de llevarlos a cabo muy a menudo. Haríais un montón de preguntas, y volveríais de vez en cuando a buscar las mejores respuestas, y de esta manera os volveríais un súper buen «vidente» en vuestra nave, sobre todo, si vuestras apariciones en la tierra permanecen imperceptibles. Vuestras partidas no necesitarían ser largas puesto que un breve instante en vuestro cohete correspondería a varios días sobre la Tierra. Pero, ¿cómo os arreglaríais para que la apertura hacia el exterior de la puerta de vuestra nave espacial, no se pudiera percibir desde el interior?

Percepción subliminal

En el universo, nada es dejado al azar. La imperceptibilidad es también una realidad física porque nuestra percepción es totalmente discontinua. Así pues sabemos que en el cine vemos solamente veinticuatro imágenes por segundo. La número veinticinco no aparece. Llamadas subliminales, tales imágenes no tienen una realidad aparente para nosotros pero tienen un impacto sobre nuestra inconsciencia. Los publicistas las han utilizado y han comprobado maravillados que modifican las ideas de los consumidores o de los electores, en detrimento de su libertad de juicio.

Para firmar sus obras, los dibujantes de Walt Disney deslizaron imágenes intrusas en sus dibujos animados. No pensaron que un día sería posible efectuar una parada sobre la imagen. Cuándo salió «Blanca Nieves» en video, ¡cuál no fue la sorpresa al descubrir dibujos de rasgos un tanto eróticos! ¿No han alterado de esta manera a toda una generación de niños?

Condenadas por la ética —pero igual todavía utilizadas— estas experiencias demostraron en su día, que lo invisible era capaz de modificar nuestros pensamientos hasta el punto de transformarnos en marionetas sin que podamos distinguir los hilos. ¿No podríamos hacer esto mismo con los tiempos «subliminales»?

La percepción discontinua del tiempo y del espacio

Un desdoblamiento también puede ser imperceptible.

Si vuestro viaje en el cohete durase menos de una cuarta parte de segundo, también él sería subliminal. Las personas a vuestro alrededor nunca se darían cuenta de vuestras salidas rápidas fuera del cohete. Vuestras predicciones futuras serían sorprendentes y podrían ocurrir. Solamente vosotros sabríais que no hay en ello ninguna predestinación sino tan sólo una posible actualización de uno de los «futuros potenciales» ya vividos sobre la Tierra. Todo el mundo vería en vosotros un gran adivino o un brujo, cuando sin embargo, vosotros sólo saldríais de vuestro cohete para mirar por una «ventana abierta» correspondiente a vuestro aterrizaje. Ahora bien, todos somos viajeros ultrarrápidos. Esas «aperturas temporales» imperceptibles, son aceleradores del transcurso del tiempo que nos arrastran hacia otros espacios, a velocidad prodigiosa.

¡Imaginaos entonces que podéis desdoblaros para poder quedaros en la Tierra al tiempo que partís hacia el espacio a la velocidad de la luz, condición necesaria para tener dos percepciones diferentes del tiempo! Debido a vuestra percepción discontinua y a la rapidez de vuestros viajes, nunca tendríais tiempo de observar vuestras idas y venidas en otro tiempo. Vuestro desdoblamiento sería imperceptible o, como las imágenes de una película, subliminal. Ahora bien, esto es así para todo el mundo. Se mantiene invisible puesto que nuestra percepción habitual la esconde en estas imágenes.

Esta interrupción periódica de la visión no es un supuesto. Es utilizada habitualmente en las «discotecas». Alternando «flashes» luminosos y tiempos de oscuridad, un alumbrado llamado estroboscópico (del mismo nombre que el aparato utilizado: el estroboscopio) os permite concebir dos realidades al mismo tiempo: una luminosa, perceptible y la otra oscura, invisible pero igual de real.

Con una alternancia lo suficientemente lenta, la discontinuidad de la percepción provoca pulsaciones y una sensación de ralentí. Acelerando el movimiento, sólo percibís una iluminación continua. Esta corriente alternativa existe en todo: no os dais cuenta que nuestras farolas se apagan cada medio segundo. Tenemos la sensación de tener luz continuamente. Aquél que sólo viera la oscuridad también tendría la sensación de una oscuridad continua. La luz estaría en un «más allá» de su observación habitual.

Una percepción periódica o estroboscópica puede, pues, suprimir las variaciones continuas del transcurso del tiempo. Para el que se desdobla, esta supresión aparente permite disponer al mismo tiempo de dos transcursos de tiempos diferentes, caracterizados por vibraciones luminosas opuestas. Éstas se intensifican en el futuro hasta el punto de volverse tinieblas.

Es, pues, de rigor afirmar que el desdoblamiento pone luz en la oscuridad: «Y Dios separó la luz de las tinieblas» —dice la Biblia—, expresando así una realidad física. Las civilizaciones antiguas sabían que el presente separaba la luz creadora de las tinieblas en donde se escondían potenciales peligrosos.

Los tiempos imperceptibles son siempre tiempos reales pero oscuros, en donde se fabrican futuros instantáneos. Sin estos potenciales, la vida es imposible.

I.2

LA PRUEBA DEL CUATRO DE LA REALIDAD DEL FUTURO

> El envejecimiento diferente de un espacio a otro sería sólo suposición si esta diferencia de tiempo de vida no hubiera sido rigurosamente demostrada en una experiencia científica perfectamente reproducible.

Durante muchos años, la mayoría de los científicos rechazaron la idea de un envejecimiento más lento en el caso de un viajero del espacio. ¿De qué manera una sencilla aceleración o desaceleración necesaria para salir del espacio podría modificar el tiempo? Eso parecía inimaginable, pero ¿quién conoce la realidad de los tiempos? Hoy en día todavía nos cuesta concebir la de la materia. Así pues, el peso de un hombre es de una tonelada cuando está dentro de un coche lanzado a toda velocidad y que se estrella contra un árbol. Sin cinturón, atraviesa el parabrisas como un proyectil. Es igual de pesado cuando despega en una nave espacial. Si ignora las fuerzas puestas en marcha debido a su aceleración o su desaceleración brutal, él piensa que su cuerpo se vuelve pesado. No ve en ello la consecuencia de un movimiento.

¿Por qué no extraer la misma conclusión en lo relativo al tiempo? El cosmonauta parte en un tiempo y vuelve en otro. Para él, nada ha cambiado. Hasta puede pensar que el tiempo está relacionado con el espacio que él recorre. Cambiando de mundo, su reloj modifica la velocidad de las agujas. ¿Es esto imaginación?

En 1971, esta modificación fue perfectamente observada y controlada en el transcurso de una experiencia cuya conclusión es indiscutible. Dos científicos, J. Hafele y R. Keating, utilizaron relojes atómicos. Gracias a la extrema precisión de estos nuevos aparatos de medida, pudieron demostrar que un pasajero en un avión dando una vuelta a la Tierra —bien hacia el este en que la aceleración es menor (sentido de la rotación de la Tierra), o bien hacia el oeste en que la aceleración es más fuerte (sentido inverso)— no envejecía tan rápido como en la tierra. La diferencia obtenida era de algunas mil millonésimas de segundo[1]. Era suficiente y la conclusión enterraba definitivamente todas las suposiciones y elucubraciones pasadas.

El presente actualiza futuros potenciales creados por el pasado

Podríamos pues crear el futuro a cada instante en aperturas inobservables entre instantes observables con la apariencia de un transcurso de tiempo continuo. Nuestra vida sería tan sólo una sucesión de instantes perceptibles, actualizando impulsos imperceptibles resultantes de un futuro experimentado por un doble en las aperturas de un tiempo cuyo transcurso siempre parecería idéntico a él mismo.

¿Sería pues la existencia de varios tiempos la única manera de construir el porvenir en un espacio, para vivir mejor en el otro? De esta manera, la relatividad del tiempo no sería una singularidad misteriosa de nuestro universo sino sería sencillamente la consecuencia directa de una propiedad mucho más esencial del transcurso del tiempo: su variación imperceptible y estroboscópica necesaria para un desdoblamiento vital.

---

1. Ganancia de tiempo: 273 mil millonésimas de segundo hacia el oeste, 53 hacia el este (con una indeterminación de 7 mil millonésimas de segundo).

Envejecer más rápido en un tiempo acelerado permitiría por lo tanto fabricar posibilidades futuras antes de vivirlas en el tiempo normal. Bastaría posteriormente con actualizar a cada instante el mejor de los potenciales ya vividos para vivir bien en el día a día.

Aplicación en la vida diaria

Es esta actualización rápida la que quisimos poner a prueba en primer lugar. Sabíamos que debía procurar de continuo el mejor instinto de supervivencia a aquél que supiera disponer de las informaciones provenientes de un tiempo acelerado en donde se fabrican sus futuros. Si en el pasado un mal potencial había provocado un desequilibrio físico o psíquico, poder elegir una mejor solución a los problemas podría devolver el equilibrio perdido. En efecto, según la teoría del desdoblamiento, las informaciones procedentes del futuro, deben provenir de manera permanente, de aperturas imperceptibles en nuestro tiempo, que hay que saber controlar.

Es de esta manera que el descubrimiento científico de una propiedad esencial del tiempo nos conduce sin postulado, pero por simple lógica, a una aplicación vital en la vida diaria. Cada cual puede pues decir que el futuro creado a cada instante le proporcionará en su presente una posibilidad de supervivencia instantánea gracias a las aperturas temporales imperceptibles.

Pensábamos que ningún problema podría resistirse al enorme potencial individual que nos revelaba este conocimiento nuevo de un desdoblamiento del espacio y del tiempo. Esto nos parecía evidente en la medida en que una situación difícil o una enfermedad no tenía razón de ser por sí misma. Sólo existen personas, cada una con un modo de vida y con un potencial diferente y, así pues, con un desorden que le es propio.

Resultados espectaculares nos alentaron rápidamente. A menudo imprevisibles, a veces totalmente inesperados, nos sorprendían.

El impacto de este nuevo conocimiento llamó rápidamente la atención a personas con múltiples problemas, las cuales formaron parte de nuestro primer contingente de experimentos. Pretendíamos que una enfermedad u otra preocupación más o menos grave no durara más que el tiempo de hacer cambiar las posibilidades futuras del interesado(a) modificando sus proyectos, ganas, deseos.

Un cambio de pensamiento de un segundo debía entonces crear numerosos potenciales de equilibrio en un tiempo acelerado cuya síntesis instantánea en nuestro tiempo conllevaría una puesta en forma rápida de apariencia milagrosa.

Por el contrario, no tener esto en cuenta podría seguramente ocasionar complicaciones, aunque los tratamientos adecuados parecieran volver a dar momentáneamente un equilibrio aparente.

De todas formas no parece difícil reorientar nuestra vida para comprobar a través del equilibrio que nuestro mal no es incurable. Vivir desdoblados en el tiempo parecería ser una excelente solución.

Un «doble» experimenta muy rápidamente nuestro futuro y, por aperturas imperceptibles entre los dos tiempos, intercambios permanentes de informaciones nos llevan por el buen camino. Ahora bien, para ir por este camino, es necesario saber por qué vivimos obligatoriamente «a dos» en dos tiempos diferentes. También es necesario dejarnos guiar por esta otra parte de nosotros mismos que, desde pequeños, hemos aprendido a ignorar.

Es recuperando el principio vital de intercambio de informaciones con nuestro «doble» durante nuestros sueños que podremos por fin conocer el objetivo de nuestra vida y encontrar el equilibrio capaz de reconducirnos a él. En efecto, este momento de nuestro sueño, mal entendido, nos hace vivir en un tiempo diferente del nuestro. Lo sabemos debido a multitud de experimentos realizados. Un sueño de una mil millonésima de segundo desencadena a veces una historia interminable.

¿Por qué esta larga vida «en otro lugar» no nos permitiría vivir bien, recobrando un equilibrio lo más rápidamente posible?

I.3

LOS SUEÑOS Y LAS APERTURAS TEMPORALES

Nuestro cuerpo está concebido para recibir informaciones vitales en el transcurso de nuestros sueños durante un período bien determinado llamado «sueño paradójico».

Los sueños son fundamentales para el equilibrio en nuestra vida

El sueño paradójico no es el único momento —las aperturas temporales están a nuestra disposición de continuo— pero es el más importante. Los sueños no son una fantasía, son básicos, su supresión conlleva la muerte en un cierto plazo.

Si impedís soñar a una rata, a pesar de que le deis de comer y la dejéis dormir, se muere en diecinueve días. Estas pruebas realizadas en laboratorio han mostrado que antes de morirse, estos pobres animales están estresados, su pelo se quiebra y sus defensas inmunitarias están muy bajas.

Anulando poco a poco el sueño paradójico, una enfermedad genética —el insomnio familiar fatal— conduce a la muerte en el hombre en unos veinte meses. Una enfermedad o una droga que suprimiera esta fase vital de nuestra vida diaria nos haría morir en menos de dos años. Más o menos, todos los mamíferos sueñan. Con unos doscientos minutos, el gato doméstico es el campeón del sueño paradójico, mucho más que sus ancestros, los gatos salvajes. Esto nos demuestra que el sentirse seguro con su amo que cuida de él, alarga la duración de sus sueños.

Ciento diez minutos para intercambiar informaciones

La duración del sueño de un hombre es de unos ciento diez minutos.

Gracias a los electroencefalogramas sabemos que hay cuatro fases intermediarias que separan el despertar del sueño paradójico. Este último período corresponde sin duda a un intercambio de informaciones pues los registros grabados son semejantes a los que observamos una vez despiertos. Se ha visto también que esta asombrosa actividad intelectual es mucho más intensa que la existente mientras estamos despiertos. De ahí el nombre que se le ha dado de paradójico, pues lo parece. Sin embargo, no permite ni el más mínimo movimiento. Resulta una vida vegetativa, pero debido a la actividad intelectual, los ojos tienen una gran movilidad, de ahí el nombre americano del sueño: R.E.M (rapid eyes movement / movimiento rápido de los ojos).

Este curioso momento del sueño se explica de manera perfectamente lógica, debido a la necesidad de intercambios de informaciones entre tiempos diferentes. Sin embargo, sin control ni modo de empleo, ¿cómo saber si las informaciones obtenidas son las mejores?

¡Cuántas jaquecas, neuralgias, alergias, cóleras, malestares diversos, más o menos estresantes —a menudo clasificados como desórdenes psicosomáticos— son debido a malos intercambios!

Conseguirlo sin intentar entender

Un solo buen intercambio basta para darnos las informaciones capaces de volver a poner orden en esos desórdenes celulares. Pero ¿cómo conseguirlo si no controlamos para nada nuestros sueños?

Nuestro doble está a nuestro servicio, y lo ignoramos. Está a la espera de nuestro buen querer para transmitirnos los mejores instintos de supervivencia.

Cuando hablamos por teléfono sabemos que alguien nos oye, pues nos responde. Cuando nadie descuelga, un sonido o un contestador nos informa. Sabemos que existe una técnica, aunque no la conozcamos. Un folleto explicativo nos basta para elegir el aparato que nos gusta.

Ocurre igual con las aperturas temporales. Podemos saber quién descuelga, quién nos oye, quién nos contesta. Tenemos puntos de referencia, lo cual nos permite no ser molestados sin más, ir a lo esencial o tomarnos el tiempo que nos plazca. Son lo suficientemente sencillos como para no olvidarlos: estando en el presente, nuestras comunicaciones vitales pueden establecerse hacia el futuro oscuro o hacia el pasado luminoso. De la misma forma que un funámbulo, intentamos mantenernos sobre nuestra cuerda floja con la ayuda de un balancín. Cualquier idea desencadena inmediatamente una experiencia en el futuro. Nuestro balancín se inclina inmediatamente hacia las tinieblas.

Cuando nos morimos de sed en un desierto, podemos beber el agua de una charca repugnante, sin tener ningún pensamiento filosófico ni científico. Pero si estamos en un lugar civilizado, apaciguamos nuestra sed de manera más agradable y menos nociva. Estudiamos el agua y su influencia sobre nuestro organismo para vivir mejor. Tomamos ese líquido imprescindible de su fuente bajo las mejores condiciones, sin olvidarnos de llevar a cabo su depuración. De esta manera intentamos controlar nuestro equilibrio analizando un principio vital: el agua.

De la misma forma, en caso de urgencia en el desierto de nuestros problemas, nos puede llegar una información de las aperturas temporales y aportarnos una idea saludable. Sin embargo, informaciones inútiles o peligrosas con los otros tiempos pueden hacernos sobrevivir maltratándonos.

El problema reside en saber conocer su origen, para poder evitarlas, seleccionarlas, depurarlas de todo peligro, a fin de conservar o recobrar nuestro equilibrio. De esta manera, podemos controlar otro principio vital: la información del futuro. Éste es el control que nos equilibra.

Esta afirmación —pretenciosa, a priori, pero sin embargo, llena de esperanza— fue puesta a prueba rápidamente.

I.4
RESULTADOS ESPECTACULARES

El ejemplo de Sabrina

Sabrina, una joven atractiva de dieciséis años, padecía mucoviscidosis. Esta enfermedad llamada «genética» termina obstruyendo las vías respiratorias. Hay dos opciones en esta enfermedad: el transplante de los pulmones y del corazón —además de los cuidados postoperatorios— o la muerte a medio plazo.

Sabrina puso en práctica esa misma noche lo que le acabábamos de enseñar, y vio, como día a día, y sólo en algunas semanas, su enfermedad retrocedía de manera espectacular.

¿Cuál era ese nuevo conocimiento tan eficaz?

Es justamente lo que queremos haceros descubrir para que podáis encontrar rápidamente un equilibrio saludable. Podréis de esta manera mejorar vuestro futuro, y por consiguiente el nuestro, puesto que podremos extraer de un potencial colectivo diferente. Poco a poco, alejaremos graves problemas planetarios modificando los futuros de la tierra y todo el mundo se beneficiará de ello, nosotros los primeros. Nuestro fin es pues muy egoísta ya que sin esa modificación, la supervivencia en nuestro mundo —que vive sin saberlo con una infinidad de futuros potenciales colectivos excesivamente peligrosos— se volverá problemática, por no decir imposible, de aquí a poco tiempo. Todos los indicadores climáticos, magnéticos, térmicos, tectónicos, planetarios, solares, galácticos están al rojo vivo y curiosamente, no nos preocupan lo más mínimo. Se trata pues de clasificar esas potencialidades aprendiendo a recibir informaciones de nuestro «doble» y no empezar a poner en duda su existencia.

Cuando suena el teléfono descolgáis, sin necesidad de saber cómo funciona. Lo que queréis es comunicaros con vuestro interlocutor. Sabiendo esto, después de haber recibido durante el sueño paradójico informaciones saludables de su «doble» en esas famosas aperturas temporales, nuestra joven enferma ya no tuvo necesidad de quinesioterapia: las mucosidades que invadían habitualmente sus pulmones habían desaparecido. Su neumólogo cada vez que la veía confirmaba su buen y sorprendente estado de salud. Sus catarros crónicos que siempre derivaban en bronquitis tremendas, se volvían benignos.

Una regla sencilla

¿Qué es lo que había hecho? ¿Guiar sus sueños? Es imposible puesto que durante nuestro sueño perdemos todo control. Sin embargo, es fácil controlar el momento en que nos dormimos. Y es efectivamente ese control el que permite, en primer lugar, obtener el intercambio de informaciones deseadas.

Si no nos queda el recuerdo, no pasa nada, pues nuestro cuerpo recibe las indicaciones que le permiten tener mejores instintos de supervivencia. Nos lo comunica a veces poco a poco y otras veces rápidamente.

Así pues, unos días después, Sabrina nos llamó por teléfono. Su alegría era inmensa y quería compartirla con nosotros.

—Llevo varios días leyendo una novela apasionante —nos dice—, y anoche sentí una emoción tan fuerte que me puse a llorar como un bebé. ¡Qué sorpresa! Mis lágrimas ¡ya no estaban tan saladas como antes! —una característica inevitable de esta enfermedad es una mayor salinidad de las lágrimas y del sudor—. Entonces —prosigue— me lamí el brazo, y ¡sabes! ¡mi piel ya no tiene ese gusto salado! Y lo mejor de todo, es el sueño que he tenido esta noche. No me acuerdo de qué iba pero sé que estoy curada. No sabría deciros ni cómo ni por qué, sencillamente, es una certeza.

Desde entonces espera la confirmación de esa impresión, dejando pasar el tiempo y manteniendo las consultas periódicas con su médico.

Ahora bien, es necesario entender que la piel salada no es una consecuencia de esa enfermedad. Corresponde en realidad a la actualización de un futuro potencial peligroso y mal memorizado, capaz, solito, de causar una grave enfermedad.

—¿Por qué te dan miedo los tiburones? —le preguntamos a «quemarropa» al principio de la entrevista.

Se gira hacia su madre.

—¿Por qué se lo has dicho?

—Pero, yo no les he dicho nada —responde la madre, tan sorprendida como la hija.

Una de nuestras intuiciones repentinas había revelado cierto miedo enfermizo en ella. En efecto, este nuevo conocimiento, nos permite desarrollar un diagnóstico intuitivo que nos pone rápidamente en el camino del equilibrio buscado. Es una hazaña para aquél que ignora el principio vital subyacente.

—¿Me vais a decir que nadie os ha hablado de mi fobia a los tiburones? —dice Sabrina.

—¿Por qué dudas de la realidad de las intuiciones? El mundo animal utiliza de manera instintiva ese «sexto sentido—. Las premoniciones les permiten evitar o anticipar situaciones desagradables y sobrevivir lo mejor posible a cada instante. Ponen en marcha su mejor potencial sin saber que en realidad están aplicando una propiedad fundamental de su organismo, que el hombre ha olvidado totalmente. ¿Por qué no reaprenderlo para utilizarlo en el día a día?

Desvelado de manera ni paranormal, ni anormal, pero que todo el mundo debiera explotar, esta fobia a los tiburones mostraba el lado más intrigante de Sabrina.

—Como vivo en la Costa Azul —nos revela—, voy a menudo a la playa sin poner nunca un pie en el agua ni en la arena húmeda. Y si alguien me fuerza a ello, grito, sin importarme llamar la atención.

Parece lógico hacer la relación entre una enfermedad que daña los pulmones, esta aversión hacia el mar y los delfines cuyos órganos respiratorios, son, por así decirlo, «mucoviscidosados» desde el nacimiento.

—¿Sabes que en el reino animal, el miedo hacia los tiburones es innato?

—También lo es en mí desde pequeña —dice.

—Cuando están en manada —le precisamos—, los delfines atacan a estos predadores temibles. Con sus narices perforan el hígado del tiburón pues son súper rápidos en el arranque.

—¿Por qué?

—Con su sudoración producen un elemento químico que ocasiona la salinidad de su piel.

—¡Como la mía! —puntualiza— dándose cuenta de la posible relación entre ella y estos peces.

—Es una característica bien conocida por los biólogos. Este sudor les permite disminuir el roce con el agua del mar. Pensamos que el hombre puede extraer un conocimiento instantáneo en una memoria acuática colectiva. Eso no carece de peligro, pues esa situación incontrolada puede, a veces —y es tu caso— volverse incapacitante o mortal.

Una parte de nuestro cerebro, llamado límbico, memoriza los peligros pasados para evitarlos instintivamente.

—Si lo he entendido bien —dice Sabrina—, he enfermado tomando de un pasado lejano un recuerdo «acuático» que habría creado antaño un futuro peligroso.

—Sí, y tu vida ha actualizado ese peligroso potencial. Sólo tu doble podía arreglar ese futuro en el transcurso de un intercambio de información. A través de un nuevo equilibrio, tu cuerpo te hace saber que las informaciones obtenidas son excelentes.

—O sea que el presente no es más que el regreso de un futuro que yo habría creado en el pasado.

—Digamos que es una ¡actualización! Un regreso nos hace pensar, erróneamente, en una predestinación. Vas a descubrir que eso es totalmente cierto y, sobre todo, que es por fin posible entender la verdadera naturaleza del tiempo y sus consecuencias vitales sobre tu organismo.

Extraer las mejores informaciones

El nuevo estado de salud de Sabrina hizo desaparecer esa aversión hacia el mar. Un día, con su madre, consiguió nadar en alta mar, sin miedo. Una manada de delfines se les acercó a 100 metros. Una felicidad intensa la invadió e hizo desaparecer su angustia aparentemente infundada. Había conseguido captar una información relacionada con esos mamíferos marinos y había sido capaz de borrar de su memoria futuros potenciales inútiles y angustiosos.

Podemos anticipar una acción memorizando situaciones futuras desagradables, para poder evitarlas. Para eso necesitamos percibir y modificar el futuro antes de vivirlo y, para ello, hace falta entender el mecanismo de esa percepción.

¿No sería ésta la finalidad de una verdadera videncia?

Mal dirigida, esta memoria de un posible futuro puede acarrear un desequilibrio si la persona ve en ella una realidad inevitable que ya la perturba con antelación. Utilizada conscientemente, permite a nuestro cuerpo eliminar los potenciales inútiles o peligrosos. Tenemos la capacidad de extraer de ahí las mejores informaciones en el transcurso de nuestros sueños. El único problema consiste en primer lugar en controlar esta parte del sueño.

Sabrina lo había entendido bien. Su curación fue la prueba de ello. Quería conocer el proceso biológico.

—El miedo injustificado a un tiburón puede hacer que sobrevivan tus células inútiles y que perturben de esta manera tu organismo. La salinidad de la piel no tiene ningún interés para el hombre. La persona que por miedo desencadenase este mecanismo, podría padecer los malos efectos del proceso necesario para su creación. El efecto aparente de una enfermedad como la tuya es en realidad una causa que extrae su propio origen de un futuro potencial mal memorizado.

Nuestras células desaparecen cuando se vuelven inútiles o peligrosas. Están programadas de esta manera. Si una perturbación, sea la que sea, les impidiera suicidarse, algunas de ellas podrían desarrollarse de manera anárquica, parasitando todo el cuerpo y pasando de un órgano a otro sin problema alguno.

—¿Cómo he podido desencadenar ese miedo a los tiburones? —nos pregunta.

—El medio «acuático» en el que vive un feto puede despertar una memoria inútil relacionada con los delfines o los tiburones y engendrar un miedo injustificado. La mucoviscidosis es pues una enfermedad de la memoria que se puede reparar perfectamente y no un desorden genético incurable. En esta clase de patologías, las células perturbadas por una mala memorización ya no saben si son útiles o peligrosas para el organismo. Llamado «apoptosis» su suicidio se vuelve entonces problemático.

Un cáncer que desaparece

¿No es éste el caso de las células cancerígenas?

Una información relacionada con su inutilidad debiera volverles a dar ganas de desaparecer. Ahora bien, el sueño es justamente la fuente natural de esas informaciones saludables. Nos hace viajar del futuro al pasado, y a menudo nos maltrata. Sin embargo, sólo está hecho para protegernos.

Una enferma grave vino a confirmárnoslo. Tras un cáncer de pecho, la Señora S...., mujer de cincuenta años, tiene una recaída: un cáncer de colon la conduce rápidamente hacia la tumba.

—Una biopsia confirma el diagnóstico inquietante —nos dice su marido—. El tumor maligno es tan grande que es casi segura una oclusión intestinal. Han decidido operarla dentro de una semana. Es nuestro cancerólogo el que nos envía a verle.

A este señor le habíamos afirmado que toda persona posee en ella la posibilidad de arreglar cualquier desorden. Así que él quiso poner a prueba, en un caso gravísimo, esta afirmación concluyente que juzgaba probablemente pretenciosa.

Esta mujer estresada nos escuchó, y, no teniendo nada que perder, aceptó de buena gana el seguir nuestra enseñanza al pie de la letra.

Una semana después pasó el scanner previsto antes de la operación.

—No se ve ningún tumor —nos informa el marido, sorprendido—. Sin embargo, el cirujano quiere operarle. ¿Qué debe de hacer mi mujer?

—Seguir con lo que le hemos enseñado y dejar que el cirujano haga según su intuición.

Intrigado por este descubrimiento inesperado, a pesar de todo, éste decidió abrir. No podía actuar de otra manera, por simple deontología, frente a una persona en peligro de muerte. Sin embargo, una vez abierto el vientre, pudo constatar la desaparición total del tumor.

Un año y medio después de esta operación, todavía intrigado, el cancerólogo conmocionó profundamente a esta mujer.

—Una remisión tan larga no es posible —le dijo—. Deben de haberse desarrollado nuevas células cancerígenas.

—¡Ten cuidado! —le dijimos a esta mujer que nos llamó muy preocupada—. Esta afirmación desencadena futuras posibilidades peligrosas, y si las actualizas pueden volverse mortales. Arréglalas de la misma manera que arreglaste aquéllas que fueron el origen de tu tumor y sigue a la letra los consejos médicos.

Consultó de nuevo con su médico y éste la sometió de nuevo a un examen de colon.

—La cámara ha descubierto una muy minúscula aspereza —nos dijo por teléfono.

La sentimos muy angustiada y poniendo en duda su capacidad a encontrar un equilibrio saludable. Sin embargo, tras la biopsia, el examen no reveló absolutamente nada.

El pasado y el futuro al servicio de la vida

Desde luego, parece difícil afirmar que un equilibrio recobrado en algunos días permite restablecer en poco tiempo un cuerpo «desgastado» por una larga enfermedad. Sin embargo, si el pasado y el futuro están simultáneamente al servicio de la vida, entonces nada es imposible. Aprender a través de una rigurosa teoría que, en nuestra memoria, el futuro está tan presente como el pasado, no es difícil, puesto que este conocimiento es innato y vital. Los niños de pecho la tienen para sobrevivir y la utilizan soñando todo lo que pueden, día y noche.

¿Significa esto que el sueño nos liberaría de los desequilibrios de la vida y nos curaría de nuestros males? Eso sería demasiado bonito. Veremos que los sueños pueden llevarnos a cambiar nuestro futuro y de esa manera a transformar nuestro presente. Ésta es la modificación que nos equilibra o que nos maltrata.

Querer la curación de una enfermedad, de un amor o de una cuenta bancaria en mal estado, a la vez que mantenemos nuestra rutina diaria, es un engaño, pues es nuestra manera de vivir y de pensar la que ha desencadenado nuestro desequilibrio y tan sólo, nuestra manera de vivir y de pensar puede volver a poner orden en nuestros desórdenes. Sin embargo, saber con certeza que el futuro preexiste en nuestro presente, nos obliga a controlar y a modificar nuestro porvenir antes de «actualizarlo» en nuestro presente.

Los sueños son importantes en la vida

Este descubrimiento revolucionario acerca de las propiedades del tiempo hace que nuestros sueños sean más importantes que nuestra propia vida.

En principio, no hay ninguna necesidad de recordar los sueños: hasta es peligroso. El mecanismo del tiempo os permitirá entender el porqué de este peligro que transforma rápidamente la vida en pesadilla. En la práctica, basta con prepararnos a bien soñar por la noche para vivir bien durante el día.

El espacio y el tiempo no están concebidos para curar a los enfermos sino para evitar las enfermedades. ¿No estaría hecha la prevención para los futuros enfermos que ignoran sus futuros potenciales?

«La vida en la tierra es una enfermedad mortal que entierra a todo el mundo», dicen los humoristas que se dan cuenta de que nuestros problemas físicos terminan siempre por no tener solución.

A menudo contamos demasiado con nuestra medicina occidental, nos apoyamos demasiado en los cuidados y remedios curativos, a la espera de estar lo suficientemente enfermos como para utilizarlos. Antiguamente, los diagnósticos médicos, los augurios, las predicciones y las profecías prevalecían sobre el conocimiento.

Con los progresos técnicos, los médicos confían en sus aparatos. Al no utilizar una energía que nuestros conocimientos occidentales ignoran, a menudo hacen de nuestro organismo una combinación de partículas químicas que analizan sin entender la síntesis.

No obstante, la física les enseña que la materia es a la vez corpuscular y ondulatoria: las ondas permiten recibir y emitir informaciones. La radio, la televisión, el teléfono utilizan el aspecto ondulatorio de la materia, nuestro cuerpo también.

Una perturbación relacionada con las informaciones vitales puede crear un desorden. El orden no puede volver si no desaparece ese «parasitage». Ignorarlo, contentándonos en curar la parte corpuscular de nuestro organismo ¡no es suficiente! Una célula cancerígena emite ondas que no son las de una célula normal. ¿Por qué no pensar que se comporta de esa manera porque recibe informaciones que no están hechas para ella? ¿No podríamos deducir de esto que la persona con cáncer no busca las informaciones necesarias para su supervivencia? Modificando sus pensamientos y sus proyectos, podría crear y actualizar posibilidades futuras que le restablecieran.

Un ser humano es más importante por sus potenciales que por su vida en un lugar concreto en donde está confrontado a toda clase de dificultades.

Casa en venta

Pongamos como ejemplo a esa periodista que vendía su casa en el campo. Necesitaba urgentemente el dinero. Transcurrieron quince días. ¡Nada! Ni una sola visita.

—Y sabéis la última —nos dice por teléfono— una pareja de personas mayores ha venido a visitar la casa esta mañana. El marido iba mirando por un lado y la mujer por otro, y al final de todo me dicen que no tienen ninguna intención de comprar pero que la casa es preciosa. ¡Qué cara dura! Hacerme perder el tiempo para nada. He decidido «largarme».

—¿Y por qué no piensas que han venido a transmitirte una información de la cual ellos mismos ni siquiera son conscientes? Si te han dicho que la casa es preciosa, igual te quieren decir que se va a vender bien.

—Es justamente lo que me han dicho: «tu casa se va probablemente a vender muy rápidamente».

—¿Y te vas? Te hemos explicado que durante el sueño puedes resolver muchos problemas o borrar las preguntas sin respuestas, a condición de saber escuchar los avisos. Esta visita de apariencia inútil es uno de ellos. ¡Quédate! Seguro que la vendes rápidamente.

¡Cuántas veces recibimos este tipo de informaciones importantes que no tomamos para nada en serio! Veremos que se trata de la consecuencia de un futuro que arreglamos en nuestros sueños. «Lo consultaré con la almohada» era un dicho vital que antiguamente siempre se ponía en práctica, sobre todo en política civil o militar en que las decisiones pueden conmocionar un electorado o revolucionar todo un país.

Saber interpretar los signos es una necesidad de todo gobierno que quiera anticipar los mejores futuros. También es una obligación para aquél que quiere tener una vida apacible.

Siguiendo nuestros consejos, la periodista decidió quedarse hasta el día siguiente. Por la tarde-noche recibimos una llamada feliz.

—¡Adivina! Me cuesta creerlo. A última hora de la tarde otra pareja ha venido a ver mi casa. Entusiasmado, el marido me ha propuesto un pago al contado.

—¡Ves! Si esa otra pareja no hubiera visitado tu casa por la mañana...

—Ya sé. Si me hubiera ido habría perdido la ocasión pues este señor habría comprado hoy mismo otra casa antes de volver a Bélgica.

Su espera había sido recompensada y su supervivencia financiera estaba asegurada.

Todas estas personas nos demuestran la importancia vital del control de nuestros sueños. Para recobrar el equilibrio perdido, todas ellas han utilizado el sueño paradójico sin dudar en ningún momento de la eficacia de un buen adormecimiento.

El saber que la solución se encuentra al final del camino te libera de toda angustia y te permite mirar sin miedo al porvenir.

Es simple pero no simplista

Todo el mundo se hace la siguiente pregunta: ¿qué hacer?

¿Una técnica, una gimnasia, abluciones, cánticos, bailes, caminar sobre el fuego, tomar drogas, inmovilizarse, entrar en trance, pedir a Dios, al Diablo, rezar a todos los santos del paraíso, poner velas en las iglesias...?

En realidad, es mucho más sencillo que todo eso y sobretodo, sin peligro alguno.

Primeramente, es necesario controlar el momento de dormirnos para poder beneficiarnos de una noche enriquecedora. ¡Nada más fácil que controlar nuestros pensamientos antes de quedarnos dormidos! Este sencillo principio era conocido desde la noche de los tiempos.

Cinco siglos antes de J.C., los seguidores de Pitágoras[1] ya decían en «Los Versos de Oro»: «Acostúmbrate a controlar tu sueño... y no dejes que el dulce sueño se apodere de tus lánguidos ojos sin antes haber repasado lo que has hecho en el día.»

Simple, ciertamente, pero ¡cuidado! No simplista.

En efecto, todo el mundo utiliza este principio vital aunque no conozca el engranaje. Debido a esto vamos en el sentido opuesto del objetivo que nos hemos fijado en nuestra vida y nuestro cuerpo o nuestra mente se desajustan demasiado rápidamente.

El día nos aporta problemas que siempre podemos resolver por la noche mientras dormimos. Preferimos complicar esta sencillez para esconder nuestra total responsabilidad en nuestros trastornos y desequilibrios.

El único problema es el de saber controlar un sueño que parece dejarnos en una inconsciencia incontrolable. Ahora bien, este control es totalmente natural. El bebé lo lleva a cabo sin reflexionar. Es el resultado el que, a veces, nos sorprende muchísimo y nos hace dudar de la legitimidad de este mecanismo nocturno.

Un ejecutivo muy eficiente despedido por su bien por su doble

De esta manera, confiando en nuestras enseñanzas, una pareja esperaba una solución a uno de sus problemas. El marido no tenía ninguna preocupación profesional. Aunque poco atractiva, su situación era estable y sobre todo, muy cómoda. Además, habiendo conseguido unas magnificas cifras comerciales, esperaba una rápida promoción. Tras haber participado en una de nuestras formaciones, pensó que la aplicación de nuestras enseñanzas añadiría fuerza a una recompensa bien merecida. Hizo pues, al pie de la letra, todo lo que le aconsejamos.

Dos días después fue convocado a la oficina de su jefe y, feliz y lleno de una merecida esperanza, acudió a la cita. Tras los saludos de rigor, un corto discurso y un cheque de despido, se vio en la calle, sin nada que decir. El «shock» fue violento. Su mujer nos llamó por teléfono muy furiosa.

—Si éstos son los resultados que preconizáis, ¡bravo!

Sin embargo, se calmó tras nuestros consejos y decidió esperar con confianza nuevos acontecimientos.

—¿Qué riesgo corres? ¡Sigue controlando tus sueños! Buscabais la mejor solución a vuestros problemas. ¿Quién os dice que no está ahí, frente a vosotros?

La solución final sobrepasó sus esperanzas más insospechadas.

—Nunca —nos dijo—, me habría atrevido a dimitir, sobre todo en el contexto actual. En mi sector, el paro es enorme. Sin embargo, ahora, gracias a mi despido, nos encontramos en el sudeste francés. Nuestro sueño era irnos de Paris. Todo es bonito y maravilloso: tengo un sueldo parecido al de antes y además la vida aquí es ¡más barata!

No más angustias

El control de las aperturas temporales cambia nuestras noches y también nuestra vida. Además, es el único medio eficaz para ya no estar angustiados o deprimidos frente a una situación delicada, a condición de saber cómo y por qué proceder. En efecto, el saber que el día siguiente será mejor que el mismo día nos alegra el corazón. El estrés desaparece y con él, las enfermedades que desencadena de manera hipócrita y siempre peligrosa.

A la luz de la ciencia que nos demuestra la existencia de la diferenciación de los tiempos, ya no tenemos ningún pretexto para quejarnos o escondernos la realidad. A nosotros corresponde el saber lo que vamos a hacer de nuestras noches y de nuestros días. El dirigir nuestra vida, la familia, los allegados y hasta nuestro país se puede llevar a cabo sin miedo al mañana. Ya no tenéis miedo a los que os ponen zancadillas imponiéndoos un futuro potencial colectivo que no está hecho por vosotros ni para vosotros.

I.5

NINGUNA CASUALIDAD, NINGUNA PREDESTINACIÓN

Relacionado con un ciclo solar —y con los movimientos planetarios dependientes de este ciclo— nuestro desdoblamiento nos hace vivir corporalmente en dos tiempos diferentes, posibilitándonos sin que lo sepamos, la anticipación de nuestro mejor futuro.

El cuerpo energético

Nuestro desdoblamiento es también el del tiempo y del espacio en el que deseamos vivir. Nuestro «doble» no es el cuerpo astral o etérico del que algunos hablan. Es verdaderamente otro «yo». El cuerpo visible explora el espacio en nuestro tiempo, el otro, totalmente imperceptible, viaja en los diferentes tiempos de nuestro desdoblamiento.

De manera esquemática podemos decir que un cuerpo energético informa nuestro cuerpo físico. En efecto, nuestro organismo posee una característica común a todo el universo: toda partícula emite y recibe ondas. Así pues, los físicos hablan del carácter ondulatorio y corpuscular de la materia.

Todo el mundo sabe que las televisiones transmiten el sonido y la imagen por ondas que varían según la frecuencia. ¡Tira una piedra al agua! Se forma una ola circular que se desplaza. Es la onda de la piedra. Cuanto más grande sea la piedra, más grande será la onda.

Las ondas transportan sus informaciones. Una piedra le puede decir al pescador: «Yo soy grande, ¡mira cómo se mueve tu barca!» De esta manera, una onda puede desplazarse y enviar una información por su estela. No ves el navío a lo lejos, pero sobre el mar agitado en donde se mueve tu barca, una ola enorme viene a despertarte.

Las ondas se cruzan, deformando o no las informaciones iniciales. Tu embarcación puede recibir al mismo tiempo la pequeña ola de la piedra y la ola del navío. Te costará creer en la existencia de la piedra. Sin embargo, sin ella, la ola no habría sido la misma.

Las ondas pueden añadir sus efectos: entran en resonancia. Un puente vibra emitiendo una onda. Una compañía de soldados caminando al paso sobre él, puede aumentar esta vibración. Así pues, hace unos años, un desfile en Saumur (Francia) dañó una bella obra. A partir de ese momento, se dio orden a los militares de no caminar con paso marcial sobre los puentes.

Como las aperturas temporales os hacen navegar sobre varios ríos del tiempo en todo momento, vuestro cuerpo es una piedra en un mundo y una onda en otro.

El pájaro sobre su rama ve la onda de un mosquito sobre la superficie tranquila del lago. Adivina que hay un cuerpo imperceptible debido a un efecto ondulatorio. Sabe que un desayuno muy consistente está ahí, bajo sus ojos. Por su lado, el mosquito puede captar los pensamientos ondulatorios del pájaro y el peligro al que se expone, intentará entonces camuflarse.

Todo organismo emite y recibe informaciones para vivir y sobrevivir. Hecho de partículas materiales, llamadas corpusculares, nuestro cuerpo se beneficia de continuo de intercambios de informaciones, por su lado ondulatorio.

Podemos pues afirmar que tenemos un organismo corpuscular observable en nuestro mundo y un cuerpo ondulatorio encargado de emitir y de captar informaciones vitales, en otro.

Para simplificarlo, diremos más adelante, que el cuerpo energético es capaz de desplazarse muy rápidamente y de volver a yuxtaponerse al cuerpo físico con informaciones vitales que el agua de nuestro organismo transmite por todo para hacernos vivir. Más rápidos que la luz[1], estos viajes modifican nuestra percepción así como nuestro tiempo de vida.

Cuando vamos en coche, a sesenta kilómetros por hora, vemos un paisaje de un kilómetro durante un minuto. A la velocidad de la luz, sólo podemos verlo una fracción de mil millonésima de segundo: es como decir que es invisible. De la misma manera, nuestro regreso es tan imperceptible como nuestra partida y cada instante permite la actualización instantánea de futuros posibles desencadenados por nuestras preguntas antes del viaje de nuestro cuerpo energético.

La creación y la actualización de futuros es una seguridad

No hay pues nunca una predestinación puesto que un futuro puede expulsar a otro instantáneamente.

Tampoco hay lugar alguno para la casualidad pues el presente no será nunca sino un futuro potencial ya vivido de manera más rápida en otro lugar y que actualizamos en nuestro tiempo de vida. Nuestro cuerpo está hecho así. Para sobrevivir, recoge del futuro las informaciones que puede captar en su presente.

Esta «actualización» instintiva es personal. Depende de cada uno de nuestros proyectos. El pensar en un porvenir siempre la hace vivir. Pensar que es imposible, la suprime. Si pensáis que vuestra creencia es buena, entonces, con toda seguridad, siempre obtendréis la prueba, que es digna de fe, pero habréis sencillamente actualizado un futuro potencial que vuestra fe —o la de vuestro

---

1. Ver anexo I.

entorno— habrá creado en el pasado.

La actualización de algo es posible solamente si tenemos ganas, en un momento dado, de un futuro concreto, especial, ya existente. Además, es obligatoria pues nuestra supervivencia depende a cada instante de los futuros disponibles. Sin estos últimos, nuestro presente ya no sería posible, nos moriríamos, pues nuestro cuerpo necesita continuamente instrucciones de futuro. El conjunto de todo ello forma nuestro instinto de supervivencia.

Sin embargo, nuestro doble debe seleccionar nuestros futuros antes de que los actualicemos. Él conoce nuestras preguntas. Sólo él es capaz de saber si los potenciales que le creamos en un tiempo acelerado tienen que ver o no con nuestras respuestas. Él también posee un cuerpo energético capaz de salir de su cuerpo físico para ir a buscar las informaciones vitales en las aperturas de su tiempo.

La vida a dos

Sólo el intercambio de nuestros cuerpos energéticos nos permite saber si vamos por el buen camino, y esto se lleva a cabo por la noche. Es necesario para vivir bien. Lo sabíais hacer cuando nacisteis pues todavía ninguna persona sobre la tierra os había desinformado. Lo podéis volver a hacer con éxito volviéndoos despreocupados como cuando erais pequeños. Este intercambio es demasiado rápido para podernos dar cuenta, y nos permite prever un porvenir peligroso pero apasionante al tiempo que nos evita una predestinación que da seguridad pero que es asfixiante. Es la finalidad de la aceleración del tiempo que suprime la posibilidad de memorizar en el tiempo normal los datos de una vida demasiado rápida.

Ahora bien, es preciso controlar el porvenir antes de llevar a cabo lo que sea, bien se trate de algo instintivo o de larga reflexión. Saber efectuar este control de continuo nos permite mantener un perfecto equilibrio sea cual sea el problema con el que nos topemos. Ignorarlo causa desequilibrios que, a largo plazo, pueden hacerse mortales.

Este desdoblamiento en dos tiempos diferentes conlleva pues un principio vital que todos utilizamos para sobrevivir, sin saberlo. Es mejor conocerlo bien para vivir sin preocupaciones y, sobre todo, sin miedo al mañana.

Nuestro doble

Este ser que nos desdobla no nos es totalmente desconocido. Algunos ven en él un guía o un ángel que evoluciona en un mundo misterioso. Muchos creyentes le rezan, pensando que se dirigen a un Dios, maestro de un paraíso maravilloso. Otros prefieren creer que una conciencia innata o un inconsciente colectivo relacionado con el pasado o con la casualidad de la evolución nos arrastran al olvido o al descanso eterno.

Buena suerte o mala suerte, Dios, diablo, casualidad o predestinación, todo el mundo tiene razón, nadie se confunde, porque ese otro «yo» es nuestro vínculo con la inmortalidad, una parcela creadora en un tiempo diferente al nuestro, en un «más allá» de nuestras percepciones habituales, es decir, en un invisible totalmente real.

En efecto, el tiempo tiene la particularidad de desdoblarse, ralentizándose y acelerándose para así ponerse al servicio de aquél que explora un espacio. Fluyendo de vez en cuando, tiene apariencia de continuidad.

Así pues, nuestro presente es una actualización permanente de futuros potenciales que no necesitan ninguna reflexión: no necesitamos reflexionar ni para andar, comer, digerir, ver, oír, sentir, sudar o respirar, ni para pensar, desear o querer un porvenir de acuerdo con nuestros deseos del momento.

Optimizar los futuros posibles

Debido a la diferenciación de los tiempos, el inconsciente es en realidad un consciente memorizable pero en instantes tan rápidos que siempre parece fuera de nuestra conciencia. Sin embargo, modifica instantáneamente nuestro presente. Sólo cuando sepáis utilizar vuestro desdoblamiento, vinculado con el del tiempo, optimizaréis vuestras posibilidades futuras, al tiempo que seguiréis siendo libres de movimiento en vuestro día a día. Pues sólo las informaciones provenientes de esas «aperturas temporales» imperceptibles os permiten mejorar vuestro presente. Son siempre tan rápidas, que os llegan bajo forma de intuiciones, sugerencias y premoniciones.

Vuestro cuerpo se ve obligado a seguir esas informaciones para obtener un instinto de supervivencia permanente.

Si las ignoráis, sufre, y desarrolláis un estrés con su inevitable secuela de preocupaciones y angustias, que causan desórdenes físicos o psíquicos.

Si las seguís, podéis conocer los problemas con antelación, prever las soluciones, encontrar los proyectos útiles o imprescindibles y abandonar otros proyectos, sin añoranza. Sin perjudicar nunca la libertad de nadie, os permiten construir un futuro potencial agradable, perfeccionar vuestros proyectos, mejorar vuestros resultados y, sobre todo, dar una finalidad concreta a cada momento de vuestra vida.

Sabiendo esto, no deberíamos nunca olvidar que en la Tierra, disponemos a la vez de una energía eterna y de un receptáculo corporal, provisional y mortal, de esa energía. El equilibrio de la mente sólo es posible junto con el del cuerpo. El uno no funciona sin el otro. Ponerse a bien con toda la panoplia medico científica disponible o tapar un descubierto bancario es una necesidad tan básica como la de apaciguar nuestro ser cuando está estresado, angustiado o deprimido.

Ahora bien, esto es posible y definitivo si sabemos volver a poner nuestros pensamientos sobre raíles para suprimir los desórdenes ocasionados por un descarrilamiento olvidado.

No se trata de buscar o de rememorar experiencias del pasado, se trata de suprimir rápidamente y si es posible, instantáneamente, las consecuencias de un pasado inadaptado a nuestro organismo antes de que éstas vengan a dañar mortalmente nuestro cuerpo o nuestro ser.

Sin el control de nuestras intuiciones y de nuestros instintos, el regreso peligroso de un potencial olvidado es inevitable.

I.6

¡NO ES NECESARIO SER SABIO!

Este principio universal del desdoblamiento, tan vital como el comer y el beber, nos ayuda a encontrar un equilibrio saludable y a estabilizarnos. ¿Qué hay que hacer para poder utilizarlo? Casi nada: buscarse un lugar para dormir y conocer el modo de empleo para dormirse bien. Los sueños nocturnos permiten volver a poner orden en cualquier desorden.

Para vivir felices, ¡vivamos acostados!

No hay nada ni más sencillo ni más verdadero. Un día u otro, todos habéis oído hablar de una persona capaz de quitar las verrugas, curar pequeñas quemaduras, mover objetos, encontrar manantiales, adivinar el porvenir, localizar a una persona desaparecida, volver a poner una articulación en su sitio, imponer las manos para calmar el dolor o echar a los demonios. Todo ello, sin hablar de las curaciones consideradas milagrosas. ¿Cuántos tratamientos se llevan a cabo de una manera rápida y sorprendente? A pesar de ello, la mayoría de nosotros duda de la realidad de esta energía, ignorando que nuestro cuerpo la reclama a cada instante para su supervivencia.

Estar sano o recuperar la salud es lo que más nos preocupa, pero ¿cómo encontrar este equilibrio físico o mental cuando la causa del desequilibrio es insospechada?

Vivimos sobre la Tierra ignorantes del origen mismo del tiempo y de la vida en este tiempo. ¿Quién sabe que vivimos «a dos», de continuo y desde siempre?

¿No deberíamos primero intentar entender la lógica de nuestra existencia temporal, la necesidad del día y de la noche, del sueño y del dormir, antes mismo de buscar la fuente del equilibrio? Un pájaro migratorio sabe que vivir mejor consiste en disfrutar del tiempo presente al tiempo que anticipa un mejor porvenir en otro continente. Su saber es instintivo, guiado por informaciones anticipativas que él no ha olvidado porque nunca ha intentado conocer su origen. Aprovecha lo mejor posible las aperturas en un tiempo, sin intentar nunca demostrar su existencia. Un animal duerme sin hacerse preguntas y se despierta con las informaciones necesarias para vivir bien.

Nosotros podemos hacer lo mismo.

Cuando la ciencia y la naturaleza se unen

Gracias a la ciencia podemos por fin entender que «el Tiempo» se divide para que podamos vigilar nuestro futuro. Pero esta vigilancia es tan rápida que no tenemos nunca conciencia de ella. Sin saberlo, utilizamos los momentos en que nuestro cuerpo nos sumerge en la inconsciencia. Algunas personas buscan ese estado en el que la conciencia se modifica —trance, baile, canto, hipnosis— para captar el futuro.

Como el pájaro en su nido, el bebé construye sus posibilidades de futuro desde el mismo momento de su nacimiento, durante sus largos momentos de sueño. Entonces, sin reflexionar, gracias a un hada que lo desdobla, inclinada sobre su cuna, sabe encontrar el pecho o el biberón y todo lo necesario para su supervivencia sobre la Tierra. Esta hada buena es totalmente real. Él sabe que es un mensajero del tiempo entre él y la otra parte de él de la cual se ha separado viniendo a la Tierra. Por suerte, nadie ha intentado todavía meterle en la cabeza que está sólo y, sobre todo, que ¡no sueñe! que en la vida hay que pelear para salir adelante.

Luego, ignorando la importancia de los sueños, nuestra civilización impulsa al niño a malvivir, a desviarse de lo imaginario, pensando, sin embargo, inculcarle los mejores principios de una vida en sociedad.

Los sueños y los tiempos llamados de inconsciencia nos arrastran hacia largos viajes imprescindibles en donde encontramos esta energía vital relacionada con el desdoblamiento del tiempo. Conocida desde siempre, mucho más fuerte que la bomba atómica, la aceleración fulminante del tiempo nos da una fuerza a la cual tenemos acceso por todo y en todo momento. La utilizamos, sin saberlo, en nuestro día a día. A menudo la derrochamos, debilitando de esta manera nuestro potencial de supervivencia que será, sin embargo, imprescindible en otro tiempo, después de la muerte. Su control puede equilibrar nuestra vida y abrirnos nuevos horizontes conmocionando ideas, dogmas y prejuicios bien establecidos.

¡No es necesario ser sabio!

Un buen sanador quita en el futuro el mal que nos corroe, y luego, actualiza en el presente el potencial de curación. Que se base en rituales o en una «fuerza» que él siente, ¡qué más da! Está actualizando, a su manera, un futuro disponible. ¡Esto es lo que cuenta! Sin ello, el equilibrio sería imposible.

—«Si fuera verdad, ¡se sabría!» Dicen esos incrédulos que nos desconciertan por su ignorancia.

¿Cuántas personas estarían todavía alumbrándose con velas si nadie hubiera admitido la realidad de la electricidad?

Todo lo que es vital se sabe de manera natural. ¡No hay necesidad de enseñanzas! Los animales nos lo demuestran cada día en multitud de ejemplos que ya no sabemos descifrar. Preferimos pasar el tiempo ignorándonos en vez de conociéndonos. Deberíamos más bien hacernos la siguiente pregunta: ¿quién se aprovecha de nuestra ignorancia?

Si vivimos actualizando futuros creados por otros mundos en otros tiempos, ¿estamos seguros que esa actualización nos conviene? Sólo nuestro doble lo sabe pues él conoce nuestras preguntas del pasado, aquéllas que nos hicimos juntos antes de nuestro nacimiento. Si no le pedimos cada noche comprobar los potenciales que hemos construido durante el día, navegamos en la niebla, actualizando futuros que no están hechos para nosotros.

II

NOSOTROS Y NUESTRO DOBLE

No sirve de nada entender nuestro desdoblamiento si no lo utilizamos en nuestro día a día.

II.1

¿POR QUÉ INTERESARSE POR EL TIEMPO?

Jean-Pierre Garnier Malet

Quisiera dar a conocer mi trayectoria para minimizar mi papel y rendir homenaje a aquél que nos ha proporcionado, a mi mujer y a mí, todos los conocimientos necesarios para establecer la teoría científica del desdoblamiento.

Un encuentro excepcional y una vida conmocionada

Un movimiento de desdoblamiento divide el tiempo para separar el presente, del pasado y del futuro. Esta propiedad científica me fue revelada por un ser excepcional con una sabiduría sorprendente. Es fundamental, pues permite explicar el universo, las fuerzas en juego y la necesidad de un único «Maestro de los Tiempos».

—Puesto que una ley permite la aceleración del tiempo en unas aperturas temporales imperceptibles, para poder fabricarte un futuro potencial —me dijo un día—, debes considerar la prolongación de esta ley, saber que tu tiempo está acelerado en las aperturas de un tiempo normal.

Este entendimiento cambia toda una vida. En efecto, esto significa que nuestro nacimiento nos habría arrastrado a nuestro tiempo para fabricar futuros potenciales. Nuestra muerte nos sacaría de ellos, proporcionando de manera instantánea la mejor respuesta a nuestras preguntas del momento. Estaríamos preparando nuestros instintos de supervivencia en un «más allá» de nuestro tiempo.

—Piénsalo bien —me dice—, tu vida presente es el futuro posible de un pasado real y actual en el cual tienes múltiples problemas en este mismo momento, pero es también el pasado real y actual de un futuro posible en donde se fabrican —siempre en este mismo momento— soluciones potenciales.

Me ha costado un cierto tiempo entender esta ley científica. Era necesario que cambiase totalmente mi visión de las cosas para entender que el pasado, presente y futuro son tres realidades simultáneas transcurriendo a velocidades diferentes. Pero esta visión es estupenda pues mi vida sobre la Tierra me permite actualizar a cada instante un pasado o un futuro potencial experimentado por otra realidad desdoblada de la mía. Y puedo pues decir de manera totalmente racional: yo era, yo soy y yo seré, simultáneamente pero en tiempos diferentes.

Un trabajo intensivo

Me faltaba por entender el mecanismo de esta diferenciación de los tiempos. La aplicación de esta teoría en el sistema solar me permitió rápidamente comprobar que efectivamente, existe un ciclo de veinticinco mil años capaz de llevar a cabo esta hazaña[1].

Pensamos que utilizamos el tiempo de la mejor manera posible cuando sin embargo ignoramos su riqueza creadora y su estupenda energía.

Corriendo «tras el tiempo», «disfrutando del tiempo», «tomándonos el tiempo», teniendo miedo al «mal tiempo», y «para ganar tiempo». El tiempo es una parte tan importante de nuestro día a día que creemos conocerlo. Las horas, minutos y segundos parecen transcurrir de manera inmutable, como el día y la noche que nuestro planeta desgrana sin cesar girando como una peonza bajo un magnífico cielo.

---

1. Ver anexo II.

El pasado nos parece terminado tras un tiempo por venir en el presente. Matemáticos, físicos y filósofos se han volcado sobre este tiempo intentando descubrir sus misterios. De vez en cuando, nosotros también tenemos tiempo «que perder» y dedicamos un poco de ese precioso tiempo para intentar entenderlo.

Necesité nueve años de trabajo intensivo, de noches en vela, de días demasiado cortos para obtener la recompensa tan esperada: el Tiempo iba a ser coronado por una teoría universal pudiendo ir más allá de lo imaginable, explicando paradojas, barriendo postulados, dando por fin sólidas certezas científicas a confusas aproximaciones esotéricas o a creencias ancestrales, empíricas, metafísicas o religiosas.

En resumen, gracias a esas múltiples informaciones «obtenidas» había puesto el dedo en lo esencial y, sobre todo, estaba convencido de que era posible, y urgente, dar a conocer este conocimiento imprescindible para el equilibrio personal y planetario.

El fuego sagrado

Lo vital siempre es utilizado por los seres humanos, aunque sólo sea para sobrevivir. Ahora, yo sabía que estaba hecho para vivir bien y tenía unas ganas locas de dar a conocer a todos el modo de empleo, porque, evidentemente, lo utilizamos demasiado para malvivir.

Con las pruebas en la mano, debía primero explicar las causas y los efectos científicos de un ciclo solar conocido desde la noche de los tiempos, que se termina ahora, y que es el origen de los graves desórdenes planetarios actuales.

Las pruebas científicas

Me quedé pasmado al comprobar que a excepción de ciertos círculos restringidos de científicos, la desinformación era casi total. Hasta llegué a pensar que era deseada al más alto nivel por los responsables políticos y militares. Evidentemente, querer evitar el pánico permite gobernar de manera más serena pero mucho menos saludable.

Me sumerjo de nuevo en la astrofísica para demostrar las conclusiones que me fueron comunicadas, en relación con el Tiempo en el Universo —y su relatividad debido a su desdoblamiento—. Iba de descubrimiento en descubrimiento, confirmando mis hipótesis. Sin embargo, me resultaba difícil dar a entender ideas tan nuevas. En 1989, un académico se sonrió cuando intenté explicarle algo que ni siquiera tenía tiempo de demostrarle.

Tras informar en enero de ese año acerca de una peligrosa explosión solar para el mes de marzo, me preguntaron si mis cálculos habían sido hechos por «Madame Soleil», muy conocida vidente de aquella época, hoy en día desaparecida.

El final de un ciclo solar

La fuerte explosión solar del 13 de marzo de 1989 acalló las risas pero no reavivó la curiosidad de los «graciosos». Algunas ideas llegan demasiado «pronto», dicen los conservadores pusilánimes excusando de esta manera su falta de curiosidad. Las de mi informador eran todavía demasiado revolucionarias y, sobre todo, tan sorprendentes como su existencia.

En efecto, esta explosión marcaba el cuarto del séptimo tiempo que conduce al final del desdoblamiento de los tiempos que nuestros antepasados llamaban naturalmente «el final de los tiempos». Si un

ciclo solar separa los tiempos en pasado, presente y futuro —transcurriendo, recordémoslo, simultáneamente— es normal hablar de principio de la separación de los tiempos y del final de esos tiempos.

Ese final se efectúa en seis períodos de treinta años y cada uno
empieza y acaba con una explosión solar[2].

Pronto y sin saberlo, llegamos al séptimo enfado de nuestro sol.
Tal y como ocurrió en 1989, la explosión de agosto del 2003 fue ocul-
tada por los medios de comunicación. Sin embargo causó la misma
avería eléctrica sorprendente en Canadá y Estados Unidos. Sus dos
réplicas en octubre cortaron la comunicación por radio durante veinte
minutos y desencadenaron una aurora boreal visible en el ecuador:
¡lo nunca visto!

Tuvieron que pasar cuatro años antes de que fueran admitidos
públicamente los efectos de la explosión de 1989. ¿Tendremos que
esperar a la siguiente explosión para entender la ocurrida en el 2003
que, desgraciadamente, ha llegado dieciséis años antes de lo previsto,
lo cual disminuye peligrosamente nuestro potencial de supervivencia
en este planeta?

El pretender que siete enormes explosiones corresponderían a los
siete sellos del Apocalipsis de San Juan no arreglaría nada. Es, sin
embargo, una ley del espacio y del tiempo que deberíamos aprovechar,
en vez de ignorar. Me atreví también a decir, que como nuestro astro
luminoso, las estrellas son sistemas dobles que tienen planetas; que
nuestra galaxia tiene un agujero negro en su centro, que el final de un
ciclo iba a hacerlo emerger y que la energía de gravitación se opone
a una fuerza de repulsión. Demostrar además que esta fuerza de expansión representa 666 milésimas de la energía del universo «olía a
azufre». Escrito en el Apocalipsis de San Juan, este número incom-
prendido por los científicos tenía demasiado ¡sabor esotérico!...

---

2. Ver anexo II.

La antigravitación

En 1998, unos experimentos me dieron por fin la razón[3]. Una energía desconocida fue descubierta en el universo y la observación de la misma permitía decir que representaba el 66,6% de la energía total. Mi teorema[4] relacionado con las tres energías de desdoblamiento fue por fin aceptada. Sin embargo, la teoría iba mucho más lejos puesto que preveía una expansión del universo y su aceleración debido «al final (del desdoblamiento) de los tiempos». Ahora bien, todo eso ya fue observado en 1999. Los telescopios se volvían mis aliados. No paraban de descubrir planetas alrededor de las estrellas que se revelaban dobles (87% en nuestra galaxia[5]). El agujero negro en el centro de nuestra Vía Láctea ya no se ponía en duda. Yo estaba entusiasmado.

¿Por qué yo?

Todo lo que yo había podido afirmar, exponer, publicar, era observado, vivido, confirmado. ¿Debo extraer «gloria» de esto? El lector ya habrá comprendido que no soy más que un humilde embajador y que debo seguir estando en mi humilde lugar. Sólo a él corresponde considerar las enormes y universales posibilidades ofrecidas por la teoría del desdoblamiento. Ciertamente, no fue sencillo el hacer aceptar todo de golpe, sobre todo, el hecho de que la información se desplaza más rápido que la velocidad de la luz.

Desde Einstein, éste era un postulado intocable. Menos mal que lo irracional está a menudo al lado de las críticas ¡ilógicas! En efec-

---

3. Saul Perlmutter y Brian Schmidt
4. Gravitación 33,3% - Antigravitación 66,6% - Equilibrio 0,1%.
5. En 1960, con los telescopios de aquella época, esa proporción era sólo de un 10%.

to, en el año 2003 se hicieron por fin oficiales nuevos experimentos científicos[6], que probaban la exactitud de mi demostración: la información entre elementos desdoblados, o la energía necesaria para desplazarla, iba mucho más rápida que la luz.

La teoría del desdoblamiento que algunos rechazaban sin ni siquiera haberla leído, debido a esta conclusión supuestamente imposible, era de nuevo comprobada y acreditada.

Mejor todavía, puede aplicarse en la concepción y la creación de robots androides. En efecto, para ser eficientes e independientes, estas máquinas inteligentes deben prever y memorizar los obstáculos antes de encontrarse frente a ellos. Con esta famosa propiedad del tiempo, rigurosamente puesta en evidencia, la memorización de futuros potenciales se volvió científicamente posible[7].

Una pregunta fundamental

Entonces surgía una pregunta fundamental: ¿no es el hombre el robot más eficiente? Si una importante propiedad del tiempo —por fin reconocida oficialmente por la comunidad científica y que el mismo Einstein ya había considerado[8]— posibilita que una máquina sea independiente gracias al control del futuro, ¿por qué no se serviría el hombre de esa facultad de anticipación? La utilizamos de continuo, sin saberlo, pero tan mal que cansamos nuestro organismo y enfer-

---

6. Alain Aspect, 1982, N. Gisin, 1998, A. Suarez, 2002: experimentos acerca de la velocidad de correlación entre dos fotones emitidos simultáneamente de una misma partícula...

7. Esto confirmaba «la hyperincursión» —noción todavía demasiado reciente para ser difundida en el amplio público— del que hablan los científicos a la cúspide de la investigación en cibernética e informática. La hyperincursión permite anticipar y memorizar un futuro sin vivirlo en el presente (D.M. Dubois).

8. A. Einstein, 1921, Princeton, First of the Four Conferences (Theory of the Relativity).

mamos, lo cual contribuye a desequilibrar la sociedad y el planeta. Sería mejor utilizarla ¡para recuperar el equilibrio perdido!

Este principio universal que nos hace vivir en el futuro antes de tomar acción en el presente es verdaderamente imprescindible y fundamental. Es innato en todos los seres vivos: un animal no reflexiona para sobrevivir, sus instintos naturales le mantienen con vida.

Por mi parte, gracias a una «intuición» muy especial, he tenido tiempo de entender el mecanismo de ese mismo tiempo antes de aplicarlo en la vida diaria.

II.2

LA INMORTALIDAD POR EL DESDOBLAMIENTO DE LOS TIEMPOS O EL «ANA-G-ELOS»

Éramos inmortales al principio de los tiempos del último ciclo de desdoblamiento.

El Creador es Único

Es la ley del desdoblamiento de los tiempos que nadie puede infringir, ni siquiera el autor de esta Ley. En efecto, él es el único dueño de la duración de sus aperturas temporales —o tiempo de inconsciencia— que no pueden ser perturbadas por un segundo Creador. La razón es sencilla: el futuro potencial no debe ser modificado mientras se fabrica, si no, la respuesta ya no corresponderá con la pregunta. Ahora bien, existe otra ley tan importante como la primera: los intercambios de información sólo pueden ir del pasado al presente o del presente al futuro pero nunca del pasado al futuro. Así pues, el presente separa la luz de las tinieblas[1].

Es pues preciso ser dos para poder intercambiar informaciones entre el pasado y el futuro, que están separados por siete tiempos sucesivos. Uno de ellos viaja entre su presente y su futuro y el otro entre ese futuro (que es su presente) y el futuro de ese futuro (que es su propio futuro). Así pues, las tres realidades presentes —del pasado, del presente y del futuro— son accesibles al mismo tiempo por intercambios de información en las aperturas temporales.

---

1. Ver anexo II.

Las múltiples criaturas tienen cada una un doble

El Creador único debe pues desdoblarse. Es el único medio para tener «su» respuesta futura a «su» pregunta pasada. Poseyendo la base de datos inicial, puede hacerse múltiples preguntas. Sus dobles serán las múltiples criaturas que buscarán sus respuestas explorando su futuro en un tiempo acelerado. Cada una de ellas será a su vez desdoblada en sus propias aperturas temporales por un doble personal, temerario de turno, que fabrica sus potenciales.

Intercambios de información en las aperturas temporales en común darán al Creador la posibilidad de conocer y de organizar lo mejor posible la vida de los dobles de las criaturas. Mediante sugerencias del pasado, éstas podrán así memorizar instantáneamente el mejor futuro. La supervivencia depende únicamente de este principio vital.

El Ana-g-elos

Nuestro doble es un simple explorador o «mensajero del séptimo tiempo». Lo que antiguamente se denominaba en griego Agguelos[2], contracción de ana-g-elos o *angelos* en latín y ángel en español.

Es peligroso utilizar un nombre cuya connotación religiosa o tradicional trasmite errores muy graves capaces de construir potenciales peligrosos. Es mejor buscar el origen puramente científico de una palabra que siglos de oscurantismo han deshonrado.

En efecto, el griego tiene la ventaja de ser un idioma que ha codificado la ley del desdoblamiento con un formulismo muy eficiente. Recuperando su sentido inicial le volvemos a dar vida.

---

2. Pronunciado «Agguelos»: ver anexo III.

La ley del desdoblamiento era ya conocida al principio de nuestra era puesto que San Juan habla de ello al principio de su Apocalipsis sin hacer de ello un misterio: «Yo soy el Alfa y el Omega —dice el Señor Dios—, Él es, Él era y Él vendrá.»

Bien conocida antiguamente, esta idea de pasado, presente y futuro sigue siendo una definición perfecta del desdoblamiento de los tiempos.

Como Platón[3], los Egipcios también enseñaban la división de un Creador Único por desdoblamiento de los tiempos: «Yo soy el Ayer y yo conozco el Mañana...» decían añadiendo: «El ayer me dio a luz; he aquí que yo hoy creo los Mañanas...».

El Libro de los Muertos Egipcio está lleno de ejemplos en los que aparece la lógica del desdoblamiento sin polémica alguna: «Cuando de la otra orilla veré al Otro yo[4]...».

Los seguidores de Pitágoras hablaban de tríadas, englobando la Monada, expresión del Dios Único, lo Cuaternario, cifra sagrada de las Criaturas que se inscribe a igual distancia de la Unidad y del Septenario. Encontramos ahí los siete tiempos que separan el pasado del futuro con el cuarto tiempo intermediario por presente.

Más adelante, los cristianos predicaron la Trinidad divina, Padre, Hijo y Espíritu Santo, sin por ello posicionar a la humanidad con relación a esa definición, confundiendo a Dios y al hijo del Cielo.

Algunos pueblos africanos hablan también de su «doble». Como los chamanes de América del Norte, o los «bushmen» de Namibia, los aborígenes australianos utilizan su «imagen» para viajar en los sueños.

Colonizados desde el principio del siglo veinte, algunos pueblos primitivos huían de los aparatos fotográficos, ¿por qué? Temían que la imagen, desdoblándoles «en otro lugar», les fuera quitada. Los

---

3. Ver Prólogo.
4. *El libro Egipcio de los muertos* por Lara Peinado Ed. Sirio.

misioneros se reían de esta ingenuidad que aún hoy en día existe en algunos lugares recónditos de nuestro planeta. Intentaron eliminar lo que ellos entendieron era sólo superstición sin interés alguno.

II.3

CREER EN DIOS ES TAN TONTO COMO NO CREER. DIOS ES CERTEZA

> Una creencia basada sólo en dogmas o postulados incontrolables alimenta misterios inútiles. Cuando la base de la misma es rigurosamente demostrada, la creencia desaparece volviéndose certeza y la no creencia ya no tiene razón de ser.

En la Biblia en griego, la palabra «fe» en el sentido en que la conocemos, no aparece. Es una mala traducción de «pistis» que significa «medio demostrable de inspirar confianza» y por consiguiente, «digno de fe». Confiar en alguien necesitaba de una certeza inicial.

La fe religiosa no existía puesto que el Creador era una certeza demostrada por el Principio Creador del alfa y del omega y de la división de los tiempos. En su sentido actual, curiosamente, se ha vuelto indigna de fe, puesto que en nuestros días, la no creencia se opone, sin más, a la creencia. Según sus tablas de arcilla, los Sumerios no tenían ninguna metafísica porque no tenían fe en Dios, ellos tenían la certeza de la inmortalidad en los siete tiempos del Creador.

Aparentemente muy eficaz, nuestra ciencia es el resultado de ese conocimiento primero o «protociencia». Sólo hacen metafísica aquellos que confunden nuestras ecuaciones —y las tecnologías materiales que derivan de ello— con ese saber fundamental, cuando sin embargo, casi todas son una aproximación matemática de una ley física universal.

En la antigua Grecia, «pistis» no tenía ningún supuesto. Como prueba, se puede decir, que un banquero pedía a su cliente un «pistis» como garantía bancaria. Es difícil imaginar hoy en día, que un banquero tenga fe en su cliente cuyo descubierto ¡no está garantizado! Lo que antes era digno de fe se ha vuelto, sencillamente, la fe, pues basándose en su propia traducción de la Biblia y de los Evangelios, la jerarquía católica de la Edad Media, impuso una creencia dogmática al tiempo que se desviaba en su vida pública de los principios que enseñaba.

El desdoblamiento nos asegura el mejor presente

Aquél que utiliza su desdoblamiento no corre el riesgo de confundirse ni de inducir a error a los demás, puesto que, ante todo, nuestro doble está ahí para asegurarnos el mejor presente a cada instante. Está listo para darnos todas las informaciones necesarias en cuanto se lo pedimos. Para contactar con él, basta con conocer el modo de empleo que es el opuesto a las enseñanzas actuales que preconizan el uso de buenos pensamientos.

Lo positivo de una de nuestras ideas, de uno de nuestros deseos, de una de nuestras preguntas puede ser muy negativo si el criterio de ese positivo nos es inculcado por un futuro resultante de una de nuestras malas ideas, de uno de nuestros malos deseos, de una de nuestras malas preguntas.

Nuestro «mensajero titulado» es el único que puede darnos las mejores ideas creadoras puesto que él es «yo» y cuenta con nosotros para crearnos a «nosotros» el mejor porvenir.

Dependen de ello, nuestro equilibrio sobre la Tierra, nuestra reuni-

común en los siete tiempos del Creador. Con él, volveremos a ser el alfa y el omega, dicho de otra manera, el «anou» ($\alpha\nu\omega$), es decir «el ser realizado» en armonía con «ana»[1], el Muy-Elevado ($\alpha\nu\omega$).

---

1. El desdoblamiento del Creador (ana) une por el lazo r (rho) la espiral femenina (γ) y la espiral masculina (δ) al carro del tiempo (ynis): las Criaturas son pues andrógenas (ana-($\alpha\nu\omega$)--ynis = androgynis).

Significando el ángel, la palabra griega actual «Aggelos» ya no tiene su sentido original. En cambio, hablar de Doble no conlleva ninguna connotación filosófica, religiosa o metafísica. De esta manera no extraemos de futuros potenciales peligrosos construidos durante siglos. Sin duda alguna no es el caso de la palabra «ángel» que transmite demasiadas ideas falsas.

Así que, de ahora en adelante, hablaremos siempre de Doble, imagen actual y viva que el Creador quería para nosotros en el futuro.

Esta nueva noción no está basada en una fe cualquiera, está basada en la separación cíclica de los tiempos. Es, pues, necesario entender que el pasado el presente y el futuro son tres realidades simultáneas que evolucionan a velocidades diferentes. Durante el desdoblamiento, el contacto entre estos tres tiempos es imposible. Sólo los intercambios de información en las aperturas temporales aseguran la relación entre el Creador, las Criaturas y el doble.

Tres realidades al mismo tiempo

El final de los tiempos permite a las tres realidades descubrirse en el mismo tiempo. Es el tan conocido «día de descanso» en el que descubrimos lo escondido (apo-calypsos en griego). Cada criatura rehace su unidad con su doble, entendiendo de esta manera lo que el Creador deseaba en su futuro.

El objetivo de un desdoblamiento de los tiempos es que el Creador obtenga respuestas a sus preguntas antes de que sus Criaturas hayan tenido tiempo de responder a ellas.

Cada una de ellas vive en función de las preguntas que forman su conciencia del momento. Las instrucciones que cada célula de su organismo recibe a cada momento dan a su cuerpo sus instintos de supervivencia. En cuanto a su mente, recibe las sugerencias del Creador en forma de intuiciones y de premoniciones, las cuales desencadenan sus propias interrogaciones. Éstas generan respuestas inmediatas en el futuro que no es sino el presente de los dobles.

La inmortalidad es pues la consecuencia natural de ese desdoblamiento que da a la Criatura una total libertad.

Nadie está obligado a seguir sus intuiciones. Un desarreglo corporal será, sin embargo, la prueba de una vida presente inadaptada a la pregunta inicial. Si hay un grave desequilibrio urgente, una nueva escucha de las informaciones del Creador en las aperturas temporales volverá a poner rápidamente en forma a la criatura.

Esta puesta en forma es una necesidad, pues la desaparición de una sola Criatura quitaría una respuesta a una pregunta inicial.

Las sugerencias del Creador serán pues siempre las óptimas puesto que Él recopila todas las mejores informaciones del futuro permitiendo así la supervivencia de su Creación.

Así pues, cada doble se vuelve en un séptimo tiempo la imagen que el Creador del primer tiempo desea de su Criatura en el futuro. No es una predestinación, es un potencial de inmortalidad que da seguridad, un porvenir divino.

II.4

¡LA PÉRDIDA DE LA INMORTALIDAD!

Nos hemos vuelto mortales con todo conocimiento de causa.

¿Qué hemos hecho pues de nuestra inmortalidad?

Ya no somos inmortales porque nos hemos salido de un mecanismo perfecto. Al principio de nuestro ciclo actual de desdoblamiento, hace veinticinco mil años, cuando los tiempos se volvieron a separar, nos quedamos en el futuro de nuestro doble, privándonos así de las informaciones anticipativas y reconstituyentes del Creador. Entonces nos volvimos mortales, más allá de los siete tiempos del Creador, lo que limita los intercambios de informaciones saludables. Penetrando en el octavo tiempo, vivimos con potenciales excesivamente peligrosos, y perdidos en el olvido de las Criaturas inmortales.

Hemos invertido la marcha del tiempo, volviéndonos «hijos del Hombre» cuando antes éramos los hijos de la luz creadora o «hijos del Cielo».

Por suerte, seguimos teniendo nuestro Doble en el séptimo tiempo[1]. Él posee la memoria de nuestras preguntas del pasado, aquéllas que el Creador quería que nos hiciéramos.

Tomando las tinieblas de nuestros dobles por la luz de nuestro pasado, hemos querido explorar los futuros peligrosos que nos cortan del Creador y de sus informaciones. Sin embargo, para vivir en un

---

1. Ver anexo V.

presente, es necesario tener un futuro. Así pues, nuestra exploración sólo se podía hacer siendo dos: uno explorando el pasado, el otro el futuro. Mordiendo la manzana, Eva fue la primera Criatura tentada por los movimientos (la serpiente) del desdoblamiento. Adán fue su cómplice. Esta pareja abrió la puerta prohibida tras la cual el Creador había encerrado los futuros inútiles o peligrosos.

Todos hemos cometido el mismo error pero los cómplices del principio se han vuelto desconocidos, amigos o enemigos del final. Durante los veinticinco mil años de nuestro desdoblamiento peligroso y mortal hemos utilizado y elaborado futuros potenciales inútiles. Debemos destruirlos para volver a los siete tiempos del Creador. Para destruirlos, hay que conocerlos, y para conocerlos hay que ir allí. Esto sólo es posible encarnándonos en el presente. De esta manera, servimos de trampolín a nuestro doble, quien, con su cuerpo energético, puede ir del pasado a nuestro futuro para arreglar nuestros potenciales lo mejor posible. Pero, totalmente ignorantes de este fin, en vez de liberarnos de futuros molestos, creamos otros y ya no sabemos distinguir lo malo de lo bueno.

Según la ley de separación de los tiempos, diferenciando las informaciones vibratorias, nuestro doble sigue estando en la luz del Creador. Desdoblándonos en el futuro prohibido, hemos perdido su «cobertura de luz». Nuestra vibración energética se vuelve entonces ligeramente roja, primer color tras el blanco, pero también color de la vergüenza para los griegos.

¿Adán y Eva?

La Biblia que nos llegó al principio de nuestra Era, estaba escrita en griego. Se entiende pues que la traducción no sea buena. «Adán y Eva tuvieron vergüenza de su desnudez.» Esta frase resumía a la vez la pérdida de una vestimenta blanca y el color de la «prenda interior» aparente cuya causa era una falta grave.

Y ¿cómo «tener un desliz» estando desnudos? Pensando de manera terrenal, la respuesta sexual nos parece la más evidente. Sin embargo, el castigo de una vida terrenal por una bagatela convierte el paraíso en un infierno.

Menos mal que la explicación es totalmente diferente, menos caricatural y sobre todo, mucho más sencilla y de una gran lógica: sencillamente, hemos invertido la marcha del tiempo. Pero liberados de los peligros potenciales, podremos rehacer nuestra unidad al final de los tiempos de nuestro desdoblamiento.

Estamos muy cerca de esta reconstrucción pero, manipulados por la realidad futura que guía nuestros pensamientos, hacemos todo lo posible por fracasar. Lejos de arreglar nuestro potencial, creamos nuevos futuros todavía más peligrosos. A partir de ahora, con una ley que nos dirija, podemos volver a poner todo en orden.

II.5

NUESTRO FUTURO ES UNA REALIDAD PELIGROSA QUE HAY QUE SELECCIONAR

Encarnándonos en la Tierra, podemos responder, poco a poco, a las preguntas que nos hemos hecho junto con nuestro doble antes de desdoblarnos.

Intuiciones y premoniciones

De esta manera, construimos a nuestro ritmo el futuro potencial del otro «yo» con el que nos volveremos a encontrar, si todo va bien, después de nuestra muerte.

Ignorar nuestro desdoblamiento nos lleva a malvivir buscando respuestas a preguntas sin interés. Nuestro cuerpo no ha sido creado para eso. Nos lo hace saber a su manera, a menudo, enfermando.

Cuando reencontráis vuestro objetivo inicial, un trastorno, un desequilibrio o cualquier malestar, sea el que sea, desaparece en cuanto se presenta: os deja sólo en vuestra memoria la forma instintiva de hacerlo desaparecer. Así pues, siempre tenéis ganas de explorar vuestro espacio, sin miedo al futuro. Vuestro cuerpo anticipa todas las situaciones, guiándoos de continuo, inculcándoos instintos de supervivencia. Ni siquiera tenéis tiempo de daros cuenta de esta anticipación. Menos mal, pues el mantener la sorpresa y la alegría a lo desconocido sin caer en la trampa de un futuro mal proyectado, es el deseo de todo ser humano.

Así pues, la madre atenta, prepara la mochila y el desayuno de su hijo que aprovecha para dormir un ratito más. Éste no se ocupa de nada, sabe que cuando se despierte sus tostadas de mantequilla y mermelada estarán preparadas y que su mochila estará lista.

La confianza de un niño no tiene límites cuando una madre atenta cuida de su porvenir. ¿Qué riesgo podría correr?

Sin embargo, cuando queréis aventuraros solos en un lugar desconocido, debéis prepararlo y comprobarlo todo antes de lanzaros a la aventura. Eso requiere tiempo. ¿Qué hacer si os veis frente a un peligro inmediato?

Antes de usar su bisturí, un cirujano examina a su paciente con la ayuda de radiografías, ecografías, scanner o de cualquier otro medio que permita confirmar o desvelar una hipótesis. Cuando hay urgencia, a menudo sólo cuenta con sus intuiciones. Conocedor del mecanismo de las mismas, puede tener ese gesto que salva la vida.

Incapaz de hablar, una pequeña de tres años se estaba poniendo morada bajo la mirada de su madre quien, fuera de sí, pedía auxilio. Acudiendo rápidamente al lugar, su tío le abrió la boca y le sacó la lengua que le estaba bloqueando la respiración. Había «adivinado» la causa, instintivamente. La urgencia siempre pone en marcha la intuición. Es, sin embargo, necesario saber llamarla.

A principios del siglo pasado, Edgar Cayce sorprendió al mundo médico. Este vidente excepcional se ponía en estado de auto-hipnosis o de inconsciencia para poder hacer diagnósticos precisos y tratamientos eficaces. Hasta diagnosticó enfermedades y describió bacterias que sólo fueron conocidas y estudiadas después de su muerte. Su estado de trance cercano al del sueño debía probablemente utilizar las aperturas temporales para captar informaciones: podríamos hablar de viaje en un tiempo diferente.

Al finalizar nuestros cursos de formación, a algunos participantes les llegan intuiciones que les sacan de desequilibrios a menudo violentos. ¿No se trata de encontrar en un tiempo récord, la cura apropiada o la solución inmediata a un problema expuesto?

¿Qué les decimos? Nada excepcional, tan sólo que otro «yo» vela por nosotros. ¿Qué hacen? Nada que sea difícil, puesto que un recién nacido lo hace de manera instintiva. Buscan, al lado de su doble, las informaciones necesarias para resolver su problema. ¿De qué manera? Quedándose dormidos como un bebé confiado, con la certeza de que mañana será un día mejor. Cuando estáis seguros de recibir ayuda en todo momento y en todo lugar, esta confianza se vuelve un automatismo saludable.

Una ley universal

Que haya urgencia o no, reflexionar antes de actuar se vuelve pronto pesado porque la prudencia exige siempre lo que la impaciencia rechaza. Entonces, ¿por qué no ser al mismo tiempo prudentes e impacientes? Nos basta con saber que vivimos a dos en dos tiempos diferentes, y con utilizar este desdoblamiento en el día a día.

Vuestro doble tiene la capacidad de explorar lentamente vuestro futuro, pero en un tiempo tan rápido que no os dais cuenta de ello. En vuestro tiempo, recibís sus consejos bajo la forma de sugerencias inmediatas, que crean vuestra intuición.

El hecho de estar desdoblados sin tener tiempo de daros cuenta, os da la sensación de saberlo todo instintivamente, sin tener que pensar en nada.

Vuestro cuerpo es un receptáculo de informaciones necesarias que vuestro «doble» llena en cuanto puede, sin que sintáis su presencia. Todas vuestras células obedecen a la voluntad de ese otro yo, que espera vuestro consentimiento para venir a visitaros. Su benevolencia es obligada porque «él» es «tú», y siempre lo será puesto que os asegura la vida después de la muerte, en otro tiempo. Pero como es imperceptible, lo habéis olvidado.

Vuestro olvido está tan arraigado que ignoráis todo sobre vuestro desdoblamiento, recibís las informaciones de desconocidos malintencionados, y os deshacéis día tras día de aquéllas que vuestro «doble» ha puesto ahí desde vuestro nacimiento, para permitiros vivir bien sobre la Tierra.

Es importante saber que existen gamberros que fabrican vuestros futuros, modificando vuestros pensamientos para vivir según sus deseos.

En la Tierra, debíais experimentar, poco a poco, las posibilidades futuras de ese otro «yo» para permitirle preparar instintivamente en su tiempo la exploración que los dos habíais proyectado antes de desdoblaros.

Por ignorancia, debido a la ausencia de esta enseñanza, vuestra experiencia ya no le sirve para nada puesto que ya ni siquiera sabéis que sois dos. Vuestra vida está tan alejada de sus deseos que vuestro reencuentro al final del desdoblamiento puede hacerse difícil, por no decir impensable.

Vivís sin entender el objetivo mismo de vuestra existencia. Mal dirigido, vuestro cuerpo os lo hace saber. Estáis en un estrés continuo y no os dais cuenta que vuestro cuerpo puede llenarse de informaciones saludables.

Creéis que vuestros trastornos afectivos, familiares o profesionales, físicos o psíquicos, son injusticias divinas o malos golpes de un destino despiadado, cuando sin embargo, sois los únicos responsables.

La llave del equilibrio

Es buscando y reencontrando el contacto con nuestro «doble» que podremos equilibrarnos y entender el objetivo verdadero de nuestra vida terrestre.

Tras nuestra muerte, podremos elegir entre ir hacia el pasado o hacia el futuro. Reuniéndonos con nuestro doble estaremos en su tiempo ralentizado. Nuestra vida ya no será entonces más que un recuerdo lejano comprimido por una ralentización fulgurante del tiempo. Sin embargo, si nos entretenemos en el futuro, viviremos los miles de millones de «nada» a los que hemos dado demasiada importancia y que han creado innumerables potenciales más o menos válidos. La elección es muy importante, porque al lado de nuestro doble, sólo quedará un poquito de ese todo, algunos instintos que deberán asegurar nuestra supervivencia en el momento de la yuxtaposición del pasado y del presente que termina con nuestro desdoblamiento.

Pero ¿cuál será nuestro porvenir si no somos capaces de asegurar la supervivencia de un nuevo cuerpo en el tiempo ralentizado de ese otro yo? Claro que no desapareceremos —una energía se transforma, no desaparece— pero estaremos perdidos sin vínculo con nuestro pasado creador, a la merced de aquéllos que crean nuestros futuros potenciales.

Para ser libres de elegir nuestro destino, es pues necesario conocer la ley del desdoblamiento y la aceleración fulminante del tiempo que nos aportan los sueños y los tiempos llamados de inconsciencia.

Ese «más allá» de nuestro tiempo habitual nos apasiona. Sin embargo, ignoramos que al nacer teníamos las instrucciones necesarias para usar nuestro cuerpo de manera instintiva. Las hemos olvidado y ahora somos incapaces de entender el objetivo mismo de nuestro cuerpo y de nuestra vida terrestre. ¿Cómo poder recuperar la fuerza que estaba en nosotros sin intentar retomar contacto con aquél que nos desdobla en una realidad imperceptible?

Ese invisible no tiene nada de misterioso y mucho menos de paranormal. Es nuestro olvido lo que se ha vuelto anormal. Algunos se han quedado con algunas informaciones vitales. Otros reparten sin pensarlo lo que ellos piensan es «un fluido» o un «magnetismo», extrañados de un poder que no controlan y que mucho menos saben explicar. Nos hablan de fenómenos paranormales o de «dones del cielo», ignorantes de la energía de anticipación que despilfarran sin nunca pensar en el mañana.

II.6

LA ANTICIPACIÓN ES UN PRINCIPIO VITAL

> Aprender a conocerse en modo acelerado en el futuro no es
> una ciencia paranormal reservada a videntes. Es una ley física
> universal de supervivencia. Es una ciencia anticipativa destina-
> da a personas normales que utilizan las leyes del tiempo para
> equilibrarse con todo conocimiento de causa.

Nuestro aspecto ondulatorio nos permite anticipar un futuro y evitar
peligros inútiles. Un navío hace lo mismo. Emite ondas «radar» que se
reflejan sobre los obstáculos. Cuando capta el eco, consecuentemente,
modifica su ruta. Hace la maniobra en su presente debido a un futuro
potencial que le es reflejado. Sin embargo, él es la razón inicial del retorno de la información. Ocurre lo mismo con un hombre que emite y
recibe informaciones ondulatorias. Todas sus células hacen lo mismo.

Siempre vivís un eco del tiempo. A cada instante, exponéis un
problema que, en el futuro, se resuelve instantáneamente de
múltiples maneras. Automáticamente, os llega una solución. La
extraéis de un potencial disponible. Basta con saber reconocerla
cuando llega el momento.

Efecto placebo, efecto nocebo

Los potenciales colectivos pueden gustar (efecto placebo) o no gustar (efecto nocebo[1]). Atraídos por proyectos colectivos, ignorando

---

1. En latín: placebo de «placere» = gustar, nocebo de «nocere» = perjudicar.

su potencial individual, algunos captan el eco del vecino y se hacen añicos sobre el obstáculo detectado por sus propias ondas de las cuales ya no perciben el retorno. Este error frecuente se constata de manera experimental por un efecto llamado nocebo, contrario al efecto placebo mejor conocido.

De esta manera la experiencia llevada a cabo —llamada «doble ciego» realizada sobre nuevos medicamentos que se testan dando verdaderos y falsos a dos grupos de populación— hace que el médico esté en la misma ignorancia que sus pacientes: no sabe qué ha dado a quién. Las personas que, sin saberlo, toman agua o azúcar para su curación, a veces se curan. Han encontrado una información perfectamente buena de un potencial saludable cuya actualización corresponde al conocido efecto placebo.

Otros sufren de los efectos secundarios mucho antes que aquéllos que toman el verdadero remedio. Han encontrado pues una información exacta pero esta vez, el potencial actualizado es peligroso y a veces mortal. ¿Cómo explicar un resultado tan malo, cuando este peligro todavía no existe en el grupo de personas que toma el verdadero medicamento?

Ese grupo a menudo es elegido en otro continente, para evitar intercambios de información. Este efecto sorprendente sólo se puede explicar a través de un futuro colectivo ya vivido «en otro lugar» en donde cada uno extrae la información que necesita. Basta con que las preguntas del paciente le lleven allí donde consigue una solución, buena o mala: todo dependerá de su inquietud del momento. Sin embargo, no tendrá ningún recuerdo de ese viaje en una apertura temporal imperceptible de donde volverá curado de verdad o terriblemente enfermo.

Esta explicación nos permite entender el contagio. Una epidemia se desarrolla mucho más rápido pues «echa mano» de este efecto nocebo. Un virus o una bacteria que normalmente no hacen ningún daño pueden volverse mortales si su portador tiene miedo a enfermar. Este miedo se vuelve la causa de la enfermedad pues abre las puertas de un futuro potencial peligroso.

La diferenciación de los tiempos —y los futuros potenciales que permiten— juegan pues un rol importante en la anticipación necesaria para la supervivencia, con la condición de saber reconocer nuestro eco personal.

A menudo, por no decir siempre, utilizáis respuestas a preguntas que nunca os han pasado por la mente. Éstas desencadenan en vosotros pensamientos que no tienen nada que ver con vosotros. Y os extrañáis de las desgracias o de los efectos nocebo que os vienen de vuelta.

Vuestro organismo no está concebido para recibir cualquier respuesta. ¡Más vale controlar el futuro que sufrirlo!

Muchos experimentos han demostrado perfectamente la realidad de la anticipación. Gracias al diagnóstico médico por medio de imágenes (scanner, resonancia magnética), es posible visualizar la parte del cerebro activada por la voluntad de efectuar un gesto concreto.

Partiendo de esta localización se ha podido poner en evidencia la anticipación. En efecto, decidís levantar el brazo, porque vuestras neuronas han decidido hacerlo medio segundo antes que vuestra decisión consciente[2].

¿Quién manda?

Surge una pregunta: ¿quién manda?

Vuestro cerebro recibe instrucciones antes incluso, que penséis en dárselas. Conociendo la aceleración del tiempo, podemos decir

---

2. Experimentos del profesor Libet: tiempo medio de anticipación de 0,4 a 0,7 segundos.

que recibe informaciones del futuro. Esto demuestra que actuáis en función de proyectos pasados individuales o colectivos, que han puesto en marcha un potencial. Vuestro cerebro actualiza ese futuro antes que vosotros. Así pues, sentís de repente el deseo de levantar el brazo que os llega bajo forma de instinto o de reflejo aparentemente inmediato.

Si este gesto se volviera peligroso, el responsable del peligro sería el creador del futuro potencial que vosotros sólo habríais actualizado debido a una información anticipativa. Solos en vuestro rincón, creáis peligros, sin saberlo.

Vais por la calle y os enfrentáis a un peatón que os empuja. Su mala fe os da ganas de matarle. De manera instantánea se construye un futuro asesino en vuestras aperturas temporales. Lo podéis modificar con un sencillo intercambio de información. Con un pensamiento contrario y tranquilizador, reina de nuevo la paz en el futuro.

Sin esta necesaria modificación de vuestro potencial, podéis haceros responsables de una desgracia. Imaginaros que, a su vez, un individuo arremete en la calle contra un peatón que le empuja y cuya mala fe le da ganas de ¡matarlo! Parecida a la vuestra, esta idea homicida puede darle acceso inmediato a un futuro que vuestro pasado ha desencadenado. Le vienen a la mente ideas nuevas que sin vosotros, normalmente, no habría tenido. Si mata al peatón, ¿quién es el responsable?

Sentados delante del televisor en donde están contando este asesinato, os reveláis contra esta barbarie sin pensar que sois en parte responsables de ella.

La ley de los tiempos es sencilla: si nadie en la Tierra pensara en matar, no existiría ningún futuro potencial asesino, y la actualización de un asesinato sería totalmente imposible.

Si vuestra rabia inicial fabrica un futuro nocebo, vuestra responsabilidad es total en el crimen que se limita a actualizar este potencial. Si mientras tanto, hubieseis sabido fabricar un efecto placebo con vuestro doble en el futuro, este desconocido quizá se hubiera vuelto pacifista y seríais responsables de un sosiego momentáneo de la Tierra.

Es fundamental aprender a conocerse de manera acelerada en otro tiempo, para saber hacerse las preguntas adecuadas en el presente y no actuar o pensar en función de potenciales colectivos opuestos a los nuestros. Si no, nos volvemos marionetas de un futuro que ya no controlamos. Activamos pensamientos que no tienen que ver con nosotros sin saber por qué, y nos volvemos responsables del desorden planetario.

Si nos desinteresamos del equilibrio del planeta, nuestro cuerpo reacciona antes que nosotros a ese desorden potencial. Las campanadas de alarma son tan repentinas como fugaces: dolores, migrañas, cansancio sin causa. Pero nuestra resistencia aniquila a menudo estas informaciones vitales. Vivir con pensamientos que no tienen relación con nuestras preguntas iniciales modifica nuestro cuerpo que intenta, a pesar de todo, adaptarse para sobrevivir en condiciones que no están hechas para él.

Las consecuencias sobre nuestro equilibrio

No hay ninguna diferencia entre un repentino dolor de cabeza, una migraña crónica, numerosos tic, un difícil final de mes o cualquier otra patología.

Todo desorden corporal no es más que el resultado de la actualización de un mal futuro que debería desaparecer encontrando el bueno.

Éste fue el caso de Sofía C. que debido a una esclerosis en placa era inválida total, estaba también cercana a la ceguera, era incapaz de alimentarse y padecía estremecimientos continuos. En una sola noche recuperó la sensibilidad en las extremidades de sus brazos y de sus piernas. En algunas semanas mejoró su equilibrio y la vista.

Es lo mismo para los problemas financieros.

Un hombre tenía una deuda enorme. Una vida de trabajo bien remunerada no habría bastado para llenar una cuarta parte de su pasivo. Antes de conocernos jugaba a la lotería, como muchos otros desesperados, usando péndulos y toda clase de artilugios. Tres días después, una respuesta inesperada resolvía su problema. Su acreedor anulaba la deuda sin concretar el motivo de su decisión.

Utilizar el futuro permite equilibrarse con todo conocimiento de causa. Algunas personas se desequilibran pensando conocer el modo de empleo de los tiempos de los cuales ignoran la diferenciación cíclica.

Para vigilar vuestro cuerpo, es desde luego vital saber que no existe un tiempo sino «tiempos» tan diferenciados como los espacios o las masas. Lo más importante es que uséis esta diferencia y que dejéis a vuestro doble que comprima un futuro de varios meses en un segundo en su tiempo ralentizado. Os restituirá inmediatamente la síntesis en vuestro presente. El efecto producido parecerá milagroso o paranormal a aquéllos que ignoran los frutos de esta compresión instantánea.

II.7

NUESTRA PERCEPCIÓN DEFINE EL TIEMPO PRESENTE

> Nuestra percepción fija los objetos en un presente actualizando uno de sus futuros potenciales.

¿En dónde se para el espacio? ¿En dónde empieza el tiempo? Una piedra tiene un envoltorio tan estable que os parece inerte. Sin embargo, en el interior hay vida real puesto que está constituida por partículas que viven una agitación continua.

De la misma forma, nuestro planeta se desplaza en el interior de un sistema solar que se desplaza a su vez en una galaxia que se mueve a su ritmo en el universo. La carrera de los átomos y de los astros parece no poder pararse nunca. En realidad, vuestro cuerpo y lo que percibe, definen un presente. Esto se puede ver en la física de lo infinitamente pequeño en donde, actuando sobre las partículas observadas, al experimentador se le llama "participante" porque su vecino no actualiza el mismo presente de la partícula. ¿Quién no ha observado la influencia del hombre sobre el mundo vegetal? Cuando una persona tiene plantas preciosas lo llaman "tener buena mano". En realidad, esta persona usa el mejor futuro gracias a sus atentos cuidados.

Algunos actualizan el peor futuro

Aquél que tiene miedo a un animal actualiza en su día a día el futuro del animal que justificará su miedo. Inmediatamente fabricará una agresión. Se volverá pues un adversario potencial que el animal intentará alejar con alguna forma de violencia. Entonces, frente a la amenaza, se acentuará el miedo, atrayendo de esta manera futuros todavía más peligrosos. Entendiendo este mecanismo, se puede invertir la causa y el efecto, decidiendo ya no tener miedo. Es mucho más relajado actualizar las ganas de acariciar y querer a un animal, pues son sólo nuestros pensamientos de miedo los que le han vuelto desconfiado y agresivo.

El hombre no es diferente a la bestia: el miedo a un enemigo potencial lleva a la desconfianza y refuerza la enemistad. Querer a aquél que nos detesta puede anular su agresividad si este último sabe escuchar sus intuiciones. La elección entre el odio y el amor es una energía que se refuerza en el futuro.

Sin embargo, manifestar amor a nuestro enemigo al tiempo que escondemos nuestro odio hacia él, sólo desencadenará agresividad por su parte pues el futuro sólo reacciona a los pensamientos y no a la manifestación de un sentimiento hipócrita. Las antipatías o simpatías espontáneas están a menudo relacionadas con la actualización de potenciales que corresponden realmente a nuestros pensamientos del momento.

En física es igual: el observador de lo infinitamente pequeño sabe que actualiza posibilidades que, sin su participación a la observación, no tendrían ninguna realidad en su presente. Ahora bien, en su propio día a día, él tiene varias posibles actualizaciones, debería pues pensar que puede elegir entre diferentes presentes. Su problema sería pues el de percibir los diferentes futuros para elegirlos antes de vivirlos.

Como esta propiedad es vital, es utilizable por todos desde que nacemos. Sin necesidad de tener ningún conocimiento en especial, los instintos y las intuiciones crean sólidas barreras frente a los más peligrosos precipicios.

Así pues, sólo el loco salta al vacío.

II.8
PASADO, PRESENTE Y FUTURO SON TRES REALIDADES ANÁLOGAS

Esta analogía es una obligación. Las realidades del presente y del futuro deben de tener las mismas preguntas para que las respuestas puedan ser válidas en los dos tiempos.

Un gato que viva muy rápido nunca experimentará la vida de un perro muy lento. Una vida más rápida que la nuestra debe evolucionar como la nuestra, con un pasado, un presente y un futuro. Si no, la comparación sería imposible y esta evolución acelerada no tendría nada que ver con nosotros: se trataría sólo de un futuro difícil de actualizar en la Tierra.

Así mismo, nuestro doble muestra interés en nosotros mientras le fabriquemos un futuro útil en su tiempo ralentizado. En nuestro presente, podemos considerarnos como el director de orquesta de los músicos de nuestro futuro, siendo él el compositor del pasado.

¡Imaginemos el punto de vista de seres que evolucionan en un tiempo acelerado! Ellos nos consideran como una realidad pasada en un tiempo ralentizado. Nuestras ganas, proyectos o deseos les llegan por nuestras aperturas temporales. Cualquiera de nuestras preguntas se vuelve inmediatamente en su presente una información del pasado que es inmediatamente memorizada. En cuanto es expresada, cada una de nuestras informaciones les lleva a actuar a nuestro favor, según nuestros deseos. Forjamos de esta manera sus intuiciones y sus instintos y nos volvemos los creadores de su conciencia.

Podemos orientar esta realidad acelerada pero sin manipular nunca a las criaturas que aconsejamos. Un director de orquesta dirige a sus músicos lo mejor posible pero sus músicos son libres de confundirse de nota o de tocar bien. Damos ideas maestras, pero esta vida futura siempre puede rechazarlas y hacer lo que le venga en gana. Es pues necesario controlar, seleccionar y orientar cada uno de nuestros pensamientos para disponer en nuestro futuro de un buen potencial.

Nuestro futuro nos pertenece

Manteniéndoos en la ignorancia, dejáis a otros la dirección de vuestro futuro, sin intentar aprender el solfeo o de saber quién toma vuestro lugar.

Algunos imaginan un Dios o un diablo como maestro, otros una simple casualidad evolutiva, pero la mayoría hablan de un destino más o menos misterioso.

En realidad, vuestro desconocimiento de la ley de los tiempos os deja a la merced del futuro cuyos músicos marcan el ritmo en vez de ser vosotros los que imponéis vuestro compás.

Claro que, a veces intentáis engatusar a las fuerzas invisibles sin conocer demasiado su procedencia, utilizando a menudo las fuerzas oscuras del futuro para alumbraros. En vez de actuar sobre vuestro propio potencial haciéndoos las preguntas adecuadas, dejáis que esas fuerzas peligrosas modifiquen vuestro porvenir y el del planeta.

Actualizando un futuro potencial que otra persona ha creado y que, sin vosotros nunca hubiera existido en la tierra, molestáis el presente de todo el mundo y participáis en el desorden planetario. Es fácil actualizar un futuro individual capaz de volver a poner orden tanto en una célula cancerígena como en vuestro entorno. A menudo es más fácil actualizar un futuro sin interés alguno para vuestro doble, ignorando su partitura y sus exigencias. El resultado será la cacofonía de vuestros músicos.

Vuestras células, una piedra, el viento, la lluvia, el riachuelo, el río, el océano, la fauna, la flora, todos ellos esperan de vosotros los mejores futuros. Vuestro entorno también. Si pensáis que una persona tiene un defecto o una cualidad, le creáis un futuro del cual podrá valerse cuando llegue el momento, y confirmaréis así vuestro pensamiento anterior. Os volvéis siempre el creador de lo que imagináis del otro.

Así mismo, tener miedo a una catástrofe pone en marcha la posibilidad de actualizar razones para tener miedo. Organizáis de esta manera los desórdenes que teméis.

En el momento en que pensáis que el sol va a secar las flores de vuestro jardín, empezáis a hacer que caliente. Si imagináis una lluvia providencial, las nubes pueden venir en vuestra ayuda siempre que un potencial semejante exista ya en vuestro futuro. Pero lo que ocurre, normalmente, es que lleváis el compás de una orquesta que hace lo que quiere y que os impone su música.

La inteligencia del instinto

Para su bienestar, los animales saben actuar instintivamente sobre la materia. Llamada «psicoquinesia», conocen bien su funcionamiento. ¿Qué es lo que hacen si no utilizar una realidad en otro tiempo?

¡Imaginemos un polluelo!

Cuando sale del huevo, siempre asocia lo que se mueve, con su madre: los experimentos realizados lo demuestran[1].

Poned frente a él en ese preciso momento un pequeño vehículo que se desplaza de manera totalmente aleatoria sobre el suelo. Veréis

---

1. Impronta de Lorenz.

algo sorprendente: su vagar ya no será aleatorio sino que se acercará al polluelo. A la inversa, si le ponéis un vehículo que da miedo, por su color, su olor o su ruido, éste se alejará del polluelo.

¿Cómo se las arregla un animal para modificar el comportamiento de un vehículo, que, no debería tener estado de ánimo?

Otra serie de experimentos demuestran la realidad de la influencia del pensamiento de un animal sobre la materia.

Ponemos un ratoncito a la entrada de un laberinto. Tiene la elección entre varios caminos. En todos los caminos menos en uno, seleccionado de forma aleatoria por la máquina, hay un aparato que envía descargas eléctricas desagradables. El ratoncito, que adivina lo imprevisible, casi siempre recorre el camino sin descargas y encuentra su alimento a la salida. Estos experimentos llevados a cabo durante muchos meses con muchos polluelos y muchos ratoncitos, sin la presencia ni la influencia de investigadores, han mostrado que, de manera evidente, estos animales conocen perfectamente el modo de empleo de la anticipación. Sus pensamientos influyen sobre las máquinas lo que nos demuestra que la psicoquinesia no tiene secretos para ellos. Evidentemente, éste no es nuestro caso.

¿Pensáis que vuestro ordenador puede modificar su comportamiento por vuestra culpa, y viceversa? ¿Que vuestra televisión puede mostraros imágenes insólitas? ¿Que vuestro microondas es capaz de transformar las informaciones vitales de vuestros alimentos hasta el punto de desinformaros? Las ondas enviadas por esos aparatos modifican las de vuestras células. A la inversa es pues también posible.

Entonces, ¿por qué no reinformar a nuestro organismo o volverles a dar a los alimentos una información saludable antes de comerlos? La «bendición» de los alimentos de los cristianos antes de comer estaría justificada. Sabiendo esto, ¿no deberíamos asociar un pensamiento a cada uno de nuestros gestos?

Y no hablemos de líneas eléctricas, radios y teléfonos. Toda esta serie de informaciones ondulatorias cambian nuestras informaciones anticipativas y las hacen poco fiables. Así pues, rara vez escucháis vuestras intuiciones y vuestras premoniciones porque a menudo no tienen ningún interés. Ignoráis que son forzosamente la consecuencia de proyectos pasados. Y, estos últimos, apenas formulados, son a menudo, olvidados, porque precisamente, parecen no tener interés.

Sin modo de empleo, no podéis saber si vuestras ideas son interesantes y si el futuro que deriva de ello os hará sobrevivir. No lo olvidéis, vuestro cuerpo reclama a cada momento buenas informaciones anticipativas para ser capaz de haceros evolucionar a su manera, sin problemas y, por qué no, en un bienestar continuo.

Las preguntas, deseos y ganas de vuestro doble deberían volverse vuestras intuiciones y premoniciones espontáneas y deberían formar vuestra conciencia. Podríais así memorizar sus consejos sin tener tiempo de daros cuenta. Actuaríais en consecuencia, intentando responder a sus preguntas que os llegarían de continuo por «sus» aperturas temporales.

En realidad, nunca sois su marioneta puesto que actuáis según vuestros deseos en vuestro tiempo que es su futuro. Sin embargo, como él sigue siendo «tú mismo» en un tiempo ralentizado, sería tonto ignorarlo para vivir solamente según vuestros deseos personales, pues al final de los tiempos de desdoblamiento, habrá que vivir en función de los potenciales que habréis creado durante vuestra vida presente.

Igual que las famosas muñecas rusas, los tiempos se encajan los unos en los otros para permitirnos vivir bien gracias a las informaciones anticipativas que circulan en el laberinto de esos diferentes encajes. Sin duda alguna, las informaciones que captamos no permiten que nuestro cuerpo evolucione lo mejor posible. Nuestros desequilibrios son muchos, por no decir permanentes.

El fruto de nuestra ignorancia

¿En dónde está el fallo?

El objetivo de nuestro desdoblamiento era hacernos evolucionar tranquilamente en el tiempo y el espacio de nuestra elección. Eligiendo vivir en el futuro de nuestro doble, el dolor, el sufrimiento y la muerte constituyen nuestro pan de cada día.

¿Seguiríamos siendo incapaces de vivir bien? ¿Quién sería la causa de ese mal vivir? ¿Estaría nuestro porvenir dirigido por seres maléficos que ignorarían nuestras preguntas para vivir el presente de su elección?

¿Se estarían aprovechando de nuestra ignorancia para dirigir su vida cambiando nuestros propios pensamientos? En ese caso, bastaría con retomar nuestro lugar de director de orquesta y mandar a cada músico a su instrumento. Sabiendo utilizar la diferenciación de los tiempos, nos volveríamos inmediatamente los maestros de sus vidas en «nuestras» aperturas temporales. Pero, ¿cómo saber si nuestras preguntas son las adecuadas?

En realidad, somos los únicos responsables de nuestras desgracias porque ignoramos a nuestro doble y sus preguntas que son también las nuestras.

Solamente él tiene la memoria de nuestras preguntas iniciales, de nuestro pasado, del porqué de nuestra encarnación por desdoblamiento. Podemos pues fabricar nuestra felicidad, con la condición de dejar que éste nos inculque el solfeo necesario para dirigir nuestra orquesta en el futuro. ¿No es él el maestro de nuestra vida en «sus» aperturas temporales?

En el transcurso de nuestro sueño podemos arreglar nuestro futuro y darnos las mejores informaciones anticipativas, siempre que seamos capaces de reunirnos con él. Para ello, es de máxima importancia saber cómo hacerlo.

II.9

LOS INTERCAMBIOS DE INFORMACIONES ENTRE PASADO Y FUTURO

Sólo los intercambios de información con nuestro doble pueden darnos instintos e intuiciones saludables. Es necesario saber controlarlos para evitar recibir informaciones engañosas que pueden modificar nuestros proyectos, nuestros pensamientos y nuestro cuerpo.

Un uso mal entendido de estos intercambios vitales puede perturbar gravemente a una persona ya debilitada o afectada por futuros potenciales inadaptados a su organismo. E, ignorantes de las leyes del tiempo, todos estamos afectados por un mal profundo, mucho más venenoso que un virus mortal.

Como un veneno, el futuro es capaz de modificar a cada instante nuestros propios pensamientos para apartarnos de los de nuestro doble, es decir de los que son nuestros. Sin los consejos de este último, transformamos lo positivo en negativo, y damos a lo inútil una importancia capital, modificando nuestra conciencia y nuestras preguntas iniciales.

Si buscáis solos el objetivo de vuestra vida, podéis actualizar futuros peligros o sin interés. Vuestro juicio puede verse perturbado por intercambios de informaciones en las aperturas temporales con desconocidos que os inculcan falsos valores aprovechándose de vuestra ignorancia de la ley del tiempo.

Cada noche dirigís una orquesta sin tener ni idea de la partitura. Utilizáis vuestros sueños para llenar vuestra memoria de pensamientos subliminales, imperceptibles, perniciosos o inútiles que modifican totalmente vuestros proyectos, vuestros deseos y todo vuestro comportamiento. Con esos pensamientos diferentes construís futuros que pensáis son benéficos, pero sin duda alguna no están hechos para vosotros y pueden revelarse peligrosos para los demás y hasta para todo el planeta. Sin embargo, estáis convencidos de actuar para el bien de vuestro entorno y de la humanidad.

El infierno no está precisamente lleno de buenas intenciones, sino todo lo contrario, que el futuro intenta inculcaros durante vuestro sueño presentándooslas de tal manera que os parecen buenas. Cuando un futuro infernal quiere sobrevivir en su tiempo, necesita de vuestras malas intenciones en el vuestro. Os las inculca en cuanto puede probándoos que son buenas. Vuestros sueños están a su disposición porque no sabéis dirigirlos.

Al despertar, vuestra conciencia ya no es la misma. Y pensáis que sois una persona que vive bien, con sus valores bien claros que están justificados por múltiples pruebas. Os habéis vuelto una marioneta de nuestro infierno, que es una realidad análoga a la nuestra.

Tres realidades interdependientes

Lo importante, en primer lugar, es entender que pasado, presente y futuro son tres realidades inobservables en el mismo tiempo pero sin embargo interdependientes, porque, sin pasado y sin futuro, no puede existir ningún presente.

Ahora bien, sólo podemos obtener informaciones en los siete tiempos de nuestro desdoblamiento que separa el pasado del futuro. Nuestro cuerpo energético no puede ir a buscar más allá o más acá sin disociarse definitivamente de nuestro cuerpo físico que, sin información, se muere.

Para sobrevivir en su presente, nuestro doble usa, él también, el futuro que le fabricamos en la Tierra.

Cada una de sus ansias o de sus preguntas nos crea intuiciones que nos empujan a actuar en nuestro presente e instintos que permiten sobrevivir a nuestro cuerpo. Intuiciones espirituales o instintos corporales son las dos caras de nuestro organismo corpuscular y ondulatorio.

Nuestro pasado tiene pues un lado tranquilizador y que da seguridad porque «nos» dirigimos a dos. No es lo mismo en nuestro futuro, porque, estando solos, son desconocidos los que fabrican nuestras posibilidades de porvenir en nuestras aperturas temporales. Tienen nuestra vida actual como pasado y como futuro tienen otra realidad que evoluciona en un tiempo tan acelerado que se vuelve oscuro[1].

Los intercambios con el Creador son imposibles durante nuestro desdoblamiento. Por ello, los problemas de esos desconocidos permanecen sin solución de futuro, y a menudo son inútiles en los siete tiempos del Creador. Es pues necesario seleccionar nuestros futuros para poder actualizar otros potenciales. También es útil crear nuevos potenciales para evitar arrastrar los viejos, como grilletes infernales, tras nuestra muerte.

Nuestro cuerpo ha sido construido para servir de trampolín hacia el futuro, para nuestro doble, pues sólo él es capaz de llevar a cabo esta selección vital.

---

1. Ver anexo V.

II.10

EL MECANISMO DE LOS INTERCAMBIOS DE INFORMACIONES

Nuestro cuerpo físico debería servir de trampolín a nuestro doble para permitirle ir a nuestras aperturas temporales con el fin de arreglar nuestros futuros potenciales que nuestros pensamientos fabrican y alimentan.

Ignorantes de esta ley, utilizamos nuestros sueños para arreglar nuestro futuro como nosotros queremos, lejos de las directrices de nuestro pasado. La consecuencia es un desequilibrio de nuestro presente.

El mecanismo científico de los intercambios es sencillo.

Si el sueño comporta varias fases, es para llevarnos a su parte llamada paradójico. De profundamente ligero, se vuelve ligeramente profundo para arrastrarnos hacia una «decorporación» saludable o peligrosa.

En primer lugar, nuestro cuerpo energético toma el lugar del de nuestro doble que viene a nuestro organismo para asegurarle la supervivencia y conocer así nuestros problemas. Este intercambio nos permite volver a encontrar nuestras preguntas del pasado, sin poder mover el cuerpo que nos recibe, pues no somos dueños de ese tiempo ralentizado.

Cuando conseguimos acordarnos de ese intercambio benéfico —lo que es poco frecuente— nos da la sensación de que nos cuesta mucho reaccionar porque el tiempo está ralentizado. Nos sentimos pesados en un cuerpo que nos cuesta mover. Sin embargo, los colores vivos y la luz que nos rodea nos llenan de felicidad. Ya no tenemos ganas de irnos.

En segundo lugar, el cuerpo energético de nuestro doble toma el lugar del de un desconocido del futuro el cual viene a nuestro organismo para seguir asegurando su supervivencia. Al no ser dueño de nuestro tiempo, este último no puede mover nuestro cuerpo que se mantiene inmóvil. Sólo circulan las informaciones. Esto explica la inmovilidad del cuerpo —llamada atonía postural— y la intensa actividad intelectual del sueño de apariencia paradójico.

A menudo llamada «entidad» por aquéllos que intentan practicar estos intercambios fuera del sueño paradójico, ese cuerpo energético del futuro da múltiples informaciones a cada una de nuestras células que de esta manera son modificadas. Ha sido elegido por nuestro doble. Es posible tener múltiples intercambios con varios futuros durante nuestro sueño paradójico cuya duración media es de noventa minutos.

Respuestas del futuro

El futuro proporciona respuestas del futuro a las preguntas del pasado que nos incumben. En nuestro presente, nuestro organismo lo siente inmediatamente. Nuestras células inútiles o peligrosas se suicidan: están programadas así[1]. El equilibrio corporal se restablece.

Un solo intercambio de información con nuestro doble puede ser suficiente para recobrar la forma. Este equilibrio recobrado rápidamente, a veces instantáneamente, da la impresión de una curación milagrosa. Se trata sencillamente de la actualización en nuestro presente de un potencial ya existente en nuestro futuro. Todo depende pues de nuestro modo de vida y de nuestros pensamientos que crean el conjunto de nuestras posibilidades de futuro y eso durante los veinticinco mil años de nuestro desdoblamiento actual.

---

1. Apoptosis o muerte celular programada.

Nuestro Doble puede modificar los futuros que nosotros hemos creado, sin embargo, en nuestra vida presente sólo puede actuar a través de sugerencias. Nuestra libertad es siempre total. En el transcurso de esos intercambios, da a nuestros músicos del futuro la partitura que él ha compuesto, arroja a los malos, se queda con los buenos, corrige las notas falsas y vuelve a marcar el compás. Sus informaciones son siempre las correctas. En efecto, el otro «yo» no tiene razón alguna para mentirnos ni extraviarnos puesto que le fabricaríamos inmediatamente un futuro potencial individual peligroso o inútil.

Sin embargo, puede ocurrir que esté mal informado sobre nuestro estado actual y nos puede mandar intuiciones incomprensibles. Si ignoramos nuestros problemas, puede arreglar nuestros futuros, sin tenerlos en cuenta. Ahora bien, cuando le damos las gracias, él entiende que va por el buen camino y no duda en seguir adelante con lo que ha empezado, en función de las informaciones que recibe de su pasado. Éstas son de confianza. Provienen de Criaturas Inmortales que ignoran la mentira y que saben que sus dobles sufrirían por ello inmediatamente. Podemos pues estar seguros que de las aperturas temporales de nuestro pasado recibimos datos exactos.

El intercambio puede ser peligroso

Cuando estamos sumidos en la ignorancia, este intercambio se lleva a cabo de manera totalmente diferente y se vuelve peligroso.

El sueño paradójico sigue siendo el mismo pero los sueños son diferentes. Así pues, nuestro cuerpo energético toma el lugar del de un desconocido del futuro que viene a nuestro organismo para asegurar su supervivencia y conocer así las preguntas que nos hacemos. Esto explica una vez más la atonía postural y la actividad intelectual intensa. Nuestro cuerpo físico recibe la misma energía pero su información no ha sido controlada por nuestro doble. Si nuestras preguntas son molestas, el desconocido puede cambiarlas para asegurarse a su regreso un mejor presente desencadenado por nuestros pensamientos modificados.

Aislándonos de la luz y de las preguntas vitales de nuestro pasado, estos malos intercambios son la causa de todos nuestros desórdenes corporales y planetarios.

Las informaciones del futuro a menudo están llenas de mentiras. En efecto, nuestras propias mentiras acarrean inmediatamente consecuencias falsas en esta realidad imperceptible, que más adelante pueden ser actualizadas en nuestro presente. Para evitar este riesgo potencial, nunca habría que mentir. Como no es el caso en la tierra, debemos desconfiar de las informaciones que proceden de nuestro futuro. No son seguras, pero a menudo tienen apariencia de verdad. ¡Cuántos médium siguen de esta manera falsas pistas!

Es pues deseable, durante el sueño, no verse arrastrado hacia el futuro. Ahora bien, esta atracción nos gusta muchísimo pues nos reunimos con el mundo que vive de nuestros deseos y de nuestras preguntas. Podemos organizar allí nuestros proyectos, a nuestra manera. El cuerpo energético que viene a nosotros durante este intercambio aporta a nuestro cuerpo físico las informaciones necesarias para dirigirnos hacia ese porvenir. Sin embargo, ese intercambio se lleva a cabo sin el control del doble. Como nuestros problemas están siempre creados por el futuro, los alimentamos sin pensar nunca que estamos afectados hasta tal punto de estar, a menudo, parasitados.

Nos volvemos entonces los creadores de un futuro que nos puede satisfacer o destruir. Sin el conocimiento del pasado, el peligro es grande. Nuestro cuerpo padece sus consecuencias. Las órdenes que recibe ya no corresponden con nuestras células que estaban hechas para otro futuro. Empiezan los trastornos orgánicos.

Hacia el futuro o el pasado, estos intercambios no son suposiciones sino que son la consecuencia directa de una ley de desdoblamiento que permite explicar la desaparición de nuestro cuerpo energético en otro tiempo.

Lejos de todo pensamiento empírico, esotérico, religioso o metafísico, que provenga del pasado o del futuro, estos intercambios son vitales y exigen que la separación de la parte ondulatoria de nuestro organismo (cuerpo energético) de su parte corpuscular (cuerpo físico) se efectúe a cada instante en nuestras aperturas temporales.

Decorporación o viaje astral

A menudo llamado «viaje astral» por aquéllos que intentan llevarlo a cabo de manera consciente, esta forma de «decorporación» es la más frecuente, por no decir que es la única utilizada. Aquéllos que se acuerdan de lo ocurrido, hablan de viaje aéreo, ligero. La sensación de volar es normal puesto que evolucionamos en un tiempo acelerado del cual somos los dueños. Sin embargo, los lugares explorados son oscuros y las sombras son inquietantes. A veces, un despertar brutal nos saca de una pesadilla espantosa. El miedo nos hiela las venas.

Necesitamos un cierto tiempo para volver a poner el pie en el presente. Tenemos la sensación de haber sido testigos o autores de un drama del que nos queda tan sólo un leve recuerdo.

Todos hemos vivido esto por lo menos una vez. Los niños que se han quedado dormidos mal debido a padres que ignoran todo sobre el viaje en el tiempo, son presa de este tipo de pesadillas. Tienen miedo a la oscuridad y ven sombras por todas partes.

Sin el control de nuestro doble, los intercambios de informaciones nos hacen frágiles. Durante esas pesadillas nuestro cuerpo pierde su vitalidad, y a menudo no nos queda ningún recuerdo. Las informaciones que recibe ya no son para nada conformes a su programación inicial. Hemos venido a la Tierra para arreglar futuros potenciales que habíamos molestado y añadimos otros igual de molestos. Nuestro cuerpo ha sido concebido para resolver un problema no para crear otros. Lejos de ese objetivo inicial, se degrada y guarda en memoria instrucciones inútiles.

Sin jefe de orquesta, nuestro organismo deja que las células hagan su música en solitario. Se instala el desorden. Generalmente basta con un choque emocional para que emerja un desorden orgánico del que el cuerpo ya había actualizado el potencial.

¡Cuántas enfermedades se desarrollan así!

II.11

EQUILIBRARSE EN UN MUNDO EN DESEQUILIBRIO SE VUELVE URGENTE

Este libro brinda la oportunidad a quien lo desee de controlar las informaciones provenientes de las aperturas temporales, con el fin de vivir mejor a cada instante, con la certeza de no confundirse de camino. Éste es su primer objetivo, pero no el único. Lo más importante tiene que ver con la regeneración del planeta maltratado debido a la ignorancia de una ley física universal.

Sin equilibrio individual no existe equilibrio colectivo. Es pues necesario conocerse y restablecerse antes de querer ¡cambiar el mundo! Para ello es importante recurrir a los intercambios de informaciones diarios que nos permiten el acceso al pasado y al futuro para vivir en un mejor presente.

Este medio es apasionante pues pone a nuestra disposición un doble con una potencia creadora sin límites.

Permite la plena realización personal puesto que la búsqueda de un equilibrio individual, llevada a cabo con rigor científico, mejora obligatoriamente el equilibrio planetario.

En cambio, el desorden personal colabora en el desequilibrio del planeta creando futuros potenciales dramáticos que cualquiera puede actualizar.

Con las respuestas de vuestro doble y lejos de la actual desinformación, vais a entender de qué manera nuestro mundo se está autodestruyendo y vais a descubrir por fin cómo se lleva a cabo esta autodestrucción que ya ha ocurrido varias veces en el pasado y en la cual participáis sin saberlo.

Este conocimiento no es casual y es urgente asimilarlo perfectamente para sobrevivir, sobre todo, cuando nuestro futuro ha creado
grandes caos sin que les hayamos prestado la mínima atención. Sin
embargo, es imposible limpiar la Tierra entera sin primero barrer los
malos futuros frente a nuestra puerta del tiempo. Además, es el único
medio de mantener nuestro equilibrio en un planeta en el que, por
ignorancia, se actualizan futuros extremadamente peligrosos. ¡No
olvidemos que hemos creado potenciales infernales durante veinticinco mil años! Estaría bien cambiarlos ya, antes de que un pueblo
entero intente actualizarlos.

Cambiar el futuro

Restablecer un cuerpo enfermo o acallar una mente angustiada viene a ser, cambiar el futuro, y consecuentemente, calmar el mundo
demasiado agitado por el final de un ciclo solar que no nos preocupa
en absoluto. Fabricar futuros detestables debido a caprichos lamen-
tables conlleva el efecto opuesto. En efecto, quejarse o lamentarse
crean inmediatamente en el futuro algo del que poder quejarse o
lamentarse. Y nos volvemos responsables de aquél que, una vez
actualizado este futuro, se queja y se lamenta.

Los cambios climáticos, sísmicos, magnéticos, solares, el calenta-
miento planetario, el deshielo, la subida de las aguas, las inundaciones, la sequía, los tornados, los meteoritos que nos pasan rozando
sin avisar, las enfermedades llamadas erróneamente incurables, las
epidemias y las catástrofes que se repiten, no serán más que un
entrante si no entendemos la «cocina» que se está preparando en
nuestro sistema solar y nuestra total responsabilidad en ese proceso. ¿Por qué dejar a nuestros hijos una tierra devastada e inhóspita
cuando la solución es sencilla y está al alcance de nuestra mano?

La polución de nuestra mente es muy grande y, sobre todo, mucho más peligrosa que la del planeta. Ahora bien, lejos de toda intolerancia que fabrica en el futuro la manera de alimentar el proselitismo, el sectarismo, la violencia y el racismo estériles y peligrosos, su descontaminación es fácil y muy eficaz para apaciguar muy rápidamente nuestro mundo en sufrimiento.

El intercambio de informaciones con un doble no es mágico ni peligroso. Lo peligroso es ignorar la forma de controlar las informaciones que nos llegan a cada instante y de vivir según nuestra conciencia, sin saber quién la llena de pensamientos subliminales sin interés alguno.

Entender el caos

«No hay que intentar entender», nos dicen aquéllos que nos quieren imponer misterios para gobernarnos más fácilmente. Sin embargo, no nos aportan ninguna solución válida a nuestros problemas diarios. Se basan en un Dios demasiado misterioso para ser admitido de manera razonable o en una ciencia materialista que nunca responde a nuestras aspiraciones más profundas.

Desde luego, los progresos científicos están ahí. En algunos países podemos vivir más años, gracias, sobre todo, a la higiene personal o colectiva, pero las enfermedades siguen avanzando. La medicina también ha avanzado considerablemente pero las enfermedades son ahora más numerosas y nos llegan siendo más jóvenes. Tenemos más exactitud meteorológica y, al mismo tiempo el cielo nos desconcierta con violentos caprichos imprevisibles y a menudo, mortales.

Sea como sea, podemos beneficiarnos de un nuevo invento, sin necesidad de explicaciones. ¿Quién intenta entender cómo funciona su televisor? ¿No basta con encenderlo para poder ver la imagen en el mismo instante? Sabéis que tras la pantalla, una energía real la anima. Sin sentiros mínimamente impresionados, la aprovecháis al máximo. Si desmontáis el televisor antes de usarlo, tenéis pocas probabilidades de volver a montarlo como es debido.

¿Qué haréis con un televisor estropeado? Para esconder vuestra torpeza o vuestra incompetencia diréis que la imagen en realidad no existe y que aquéllos que la ven asisten a un fenómeno ¿paranormal?

¿Por qué no utilizar, sin necesidad de darle vueltas a la cabeza, una nueva energía que permite anticipar a cada instante la mejor solución a nuestros problemas diarios?

Es una energía de compresión del tiempo que permite sintetizar a cada segundo miles de informaciones. A nosotros corresponde captarla de manera natural sin preocuparnos demasiado por los incrédulos que siempre se fabricarán un porvenir adaptado a sus creencias.

La única dificultad proviene de nuestra forma de pensar. No estamos acostumbrados a colocar el futuro antes que el presente. Todo el mundo piensa que el futuro es sólo un punto de interrogación y que solamente algunas personas, dotadas de clarividencia, lo pueden prever.

Claro que esta nueva noción del tiempo va a conmocionar el fundamento mismo de todos nuestros pensamientos. Sin embargo, sin ella, no es posible entender la unicidad y la necesidad de un Creador de los tiempos, el objetivo de una creación y el por qué de una vida terrenal en un universo al que no le faltan lugares para ser explorados.

Con ella es fácil percibir el futuro y sus múltiples peligros antes de actualizarlo en nuestro presente, corriendo el riesgo de modificar gravemente nuestro entorno.

Dejando nuestro sueño en manos de nuestro doble, encontraremos o recobraremos un equilibrio corporal y, sobre todo, podremos intentar evitar las catástrofes planetarias por venir.

II.12

«PARASITAGE» INDIVIDUAL O COLECTIVO, ESTRÉS Y «TERAPIA»

Es importante reconocer el origen de cada una de nuestras intuiciones y de utilizar el mecanismo científico de los intercambios de informaciones de manera correcta, si no, «parasitage», posesión, hechizo y esquizofrenia están al orden del día.

En las aperturas temporales, a menudo escuchamos a aquéllos que se hacen pasar por ángeles guardianes. Para manipularnos mejor, a los desconocidos del futuro les gusta hacerse pasar por criaturas angélicas cercanas al Creador, así modifican más fácilmente nuestros pensamientos a cada instante porque nos «tragamos» sus declaraciones, sin discernimiento.

Mientras sea nuestro doble el único que nos envía los datos necesarios para nuestra encarnación, nuestra conciencia será buena. Ella guía nuestros pasos hacia un futuro sin peligro. Si, cambiando de frecuencia, escuchamos informaciones procedentes de nuestro futuro, memorizamos ideas falsas que nos arrastran lejos de nuestro objetivo inicial.

Una escucha parásita desvía nuestro organismo de su objetivo. Éste pronto nos lo hace saber a través de trastornos diversos y frecuentemente por un estrés incomprensible.

Si no escuchamos nuestro cuerpo, nos volvemos la presa del futuro que guía nuestra vida modificando nuestra conciencia y nuestras células. El estrés es el resultado de una información detestable que conduce a una situación desagradable con la certeza de no poder salir de ella.

Como tras las puertas del tiempo todo se vuelve imperceptible, nunca nos parece estar en ese caso.

Ahora bien, somos como esas ratas que encierran en jaulas para hacerlas sufrir avisándolas con antelación —con luces fuertes o muchísimo ruido— del momento exacto de ese sufrimiento[1]. El estrés que se deriva de ello las conduce rápidamente al enclaustramiento o a una muerte rápida. Si ponéis dos ratas en la misma jaula, una de ellas se comporta como dominante, para poder sobrevivir. El dominado alimenta un estrés peligroso que a la larga se vuelve mortal.

Como esas ratas estresadas, ¿no pasamos de dominantes a dominados en nuestras jaulas privadas o públicas, familiares o profesionales?

Las situaciones estresantes nos llevan a tener pensamientos angustiosos que fabrican un futuro potencial agresivo capaz de «parasitarnos» todavía más.

Ese «parasitage» nos desinforma aislándonos de las informaciones vitales. Entonces nuestras intuiciones no nos sirven para nada si no es para dirigirnos hacia proyectos que permiten la supervivencia de futuros peligrosos. Hemos venido a la tierra para transformar esos potenciales, y, por ignorancia, son ellos los que nos transforman.

Es entonces cuando hablamos de mala suerte, de karma, y que glorificamos el sufrimiento. Nuestro doble no tiene ninguna razón para hacernos sufrir ni para angustiarnos pues le construiríamos a él un futuro de sufrimiento y de angustia.

El proceso del parasitage siempre es el mismo y lo mantenemos, sin saberlo, con reglas y rituales que nos parecen totalmente justificados.

---

1. Experimentos realizados por H. Laborit: la autopsia revela la hipertrofia de las glándulas suprarrenales que tienen como objetivo inicial desencadenar una autodefensa agresiva saludable. En estos experimentos las ratas utilizan contra ellas mismas este mecanismo de agresión. Su defensa inmunitaria disminuye rápidamente.

Imaginaros que un día, el campeón del torneo de tenis sube al podium con un estupendo ojo morado. La alegría de recibir la copa le hace olvidar su dolor. Una sonrisa alumbra su rostro dolorido.

Ahora, imaginaros una tribu en la jungla profunda que descubre la televisión y lo único que pueden ver es ese partido de tenis. Intentando descubrir las reglas del juego, los nuevos jugadores podrían creer que el ganador es aquél que tiene el ojo más morado y sobre todo que sonríe en el podium mostrando un rostro radiante de felicidad.

«Hay que saber sufrir y entender el sufrimiento», dirían los organizadores. Santificando el dolor, llevarían a los jugadores a tener pensamientos positivos para que fueran muchos los que se sacrificaran sobre la tierra roja de este deporte.

Ahora bien, ¿no sería más sencillo investigar acerca de las verdaderas reglas de este juego? Ocurre lo mismo con el juego de la vida.

Como nos parece más sencillo imponer a los demás nuestro modo de empleo, desarrollamos una intolerancia, un proselitismo o un racismo que desencadena inmediatamente en el futuro razones para ser intolerantes, sectarios o racistas.

El conjunto de los futuros individuales modificados de esta manera, forma un potencial colectivo planetario peligroso, sobre todo, en esta época en el que los tiempos se equilibran.

Expulsar a los demonios

Los cambios en nuestros pensamientos son muy frecuentes, y nuestra resistencia, poco eficaz, así que la «posesión» de nuestros pensamientos puede ser total. Hasta podemos terminar siendo esquizofrénicos, resultado normal de este tipo de «parasitage». Esta enfermedad no es un desdoblamiento de la personalidad, se trata de intercambios permanentes de informaciones que la persona ya no puede controlar.

Con este «parasitage», el enfermo puede actualizar potenciales violentos que, sin estos intercambios inoportunos no ocurriría. Las ganas de matar a aquél que no se comporta como él quiere se vuelve un valor moral. La venganza parece saludable puesto que fabrica en el futuro los argumentos y los medios que le permiten expresarse.

Antiguamente se sabía repeler esas informaciones peligrosas expulsando a sus autores demoníacos.

Quemar a aquél que se informa como si fuera un espía, se decía en griego *thereo-peuton*. El fuego —o la luz de nuestro tiempo— echa a aquél que viene de las tinieblas. Al principio de nuestra era, monjes de una orden judaica estaban especializados en esta caza a las entidades oscuras: se les llamaba terapeutas.

«Expulsando a los demonios», ¿no quería Jesús demostrar así que era dueño del futuro y de nuestras aperturas temporales?

En aquella época, entre los judíos, era un comportamiento normal. Bastaba con tener la fuerza divina con uno. Aquél que pensaba tenerla, hablaba en el nombre de Dios y se atrevía a decir: «En verdad os digo...» Pillado en flagrante delito de mentira, el orador se volvía un blasfemo, mereciendo ser lapidado en el acto.

Cuando el futuro se vuelve el único consejero de la mayoría de los humanos, podemos decir que su dirigente es «el príncipe de nuestro mundo» y de nuestro tiempo. Podría convertirse, tranquilamente, en el presidente de nuestro planeta cuando los siete tiempos estén equilibrados.

Abandonando batutas y pupitres, nos dejamos mecer por los cánticos hipnóticos de las sirenas de nuestro futuro.

Todos padecemos un «parasitage esquizofrénico» por el simple hecho de que escuchamos pensamientos que ya no son los nuestros y mucho menos los de nuestros dobles.

Nos hemos vuelto presas fáciles del estrés y de la depresión, porque, cortándonos de la otra parte de nosotros mismos, hemos olvidado el objetivo mismo de nuestra vida terrestre. Nuestro cuerpo lo siente mucho antes que nosotros.

Perseguimos quimeras que hacen sobrevivir una realidad futura de lo más alarmante. De amenaza a peligro, la locura asesina invade el planeta que pronto —quizá mañana— podrá acoger a los responsables de este horrible «parasitage» en nuestro futuro. No podemos en ningún caso descargarnos de nuestra responsabilidad en los desordenes de nuestro mundo, puesto que seguimos fabricándolos en nuestras aperturas temporales antes de vivirlos.

Guerra, violencia, confusión y desórdenes de toda clase son, claro está, los resultados de ese potencial. La semejanza de las ideas abre las puertas del futuro que encierran sus consecuencias.

La rebelión

¿Cómo darnos cuenta, y hacer la relación, que un futuro detestable creado desde hace veinticinco mil años, lo actualizamos hoy en día a través de nuestro deseo o nuestro proyecto?

Estamos resentidos con Dios, con la mala suerte, con el destino despiadado. Nos rebelamos. Nuestra rebelión atrae un futuro capaz de justificarla todavía más. Una inundación barrerá la pequeña parcela de tierra cultivable que nos queda tras el incendio que ha destruido nuestra propiedad. Nos rebelaremos todavía más pensando que las malas noticias nunca vienen solas. Llegará pues aquélla que espera un pensamiento igual para actualizarse en nuestro presente. «No hay dos sin tres», diremos seguidamente, y atraeremos así instantáneamente uno de los efectos nocebos fabricados por aquéllos que creen en la realidad de esta superstición.

Sin embargo, aquél que se mantiene en contacto con su doble no teme al futuro. Cosecha sólo informaciones capaces de crear y de recibir las mejores posibilidades futuras individuales. No basándose en ningún misterio, en ningún ritual o superstición, equilibrándose de esta manera, equilibrará al planeta cuyo futuro potencial colectivo mejorará poco a poco.

Es pues vital conocer el mecanismo de los intercambios de información en las aperturas temporales. Es también urgente utilizarlo pues los desórdenes planetarios son tan grandes que es necesario cambiar nuestro futuro modificando nuestros proyectos. Sólo nuestro doble es capaz de volvernos a dar las ideas que eran las nuestras cuando nacimos. Sin esta conciencia inicial es imposible entender el objetivo mismo de nuestra encarnación.

II.13

EL CONTROL DEL ADORMECIMIENTO Y DE LOS INTERCAMBIOS

Nuestro último pensamiento consciente nos dirige hacia el tiempo ralentizado de nuestro doble o hacia el tiempo acelerado de aquéllos que crean nuestras posibilidades futuras e intentan a menudo manipularnos. Es pues importante controlarlo antes de quedarnos dormidos... o antes de nuestra muerte.

Lo primero y más importante es tomar conciencia de nuestros problemas. Cuando os perdéis en una gran ciudad, preguntáis el camino a un transeúnte. Para ello, no os quedáis mirando a los ojos y sin hablar a vuestro informador. Cuando os quedáis dormidos sin pedir nada, es como si hicierais lo mismo. Es, pues, importante proporcionar a vuestro cuerpo físico las indicaciones necesarias, que serán descodificadas en el momento del intercambio por vuestro doble y por los cuerpos energéticos que vendrán a vosotros. Es el agua de vuestro cuerpo la que almacena y restituye las informaciones[1].

El ver vuestros problemas atrae las energías futuras responsables de vuestras dificultades. Si intentáis encontrar vuestras soluciones, atraeréis otros futuros. Es entonces cuando hay que estar vigilantes porque si os quedáis dormidos en ese momento, vuestro sueño os llevará hacia el futuro lejos de vuestras preguntas pasadas y de vuestras interrogaciones iniciales.

Sin embargo, si pedís a vuestro doble que resuelva vuestros problemas y clasifique las soluciones, lo atraeréis hacia vosotros y

---

1. Ver anexo VII.

vuestros sueños serán benéficos siempre que aceptéis su solución, con una confianza absoluta y en la certeza del mejor futuro posible.

El único obstáculo es el de no quedaros dormidos con un pensamiento capaz de atraer o de crear el futuro. No se trata de hacer el vacío, se trata sólo de esperar la respuesta con impaciencia. Vuestras preguntas atraen a una persona importante. Nadie piensa en los detalles de su vida cuando molesta a un «grande» de este mundo para solucionar sus problemas. Ahora bien, vuestro doble es más poderoso que los más poderosos de la tierra puesto que él es vuestra parcela creativa, esta imagen luminosa que el Creador quería de vosotros en el futuro antes de vuestra evasión en las tinieblas.

El sueño paradójico es incontrolable pero podéis elegir la dirección de vuestra «decorporación» para equilibraros.

A partir del día siguiente, sistemáticamente conseguís un resultado: la ausencia de estrés. Es lógico, pues, al reencontrar su rol de guardián de nuestra conciencia pasada, nuestro doble nos vuelve a poner en el camino que no engendra ningún miedo al mañana.

Un ejemplo

Hay muchos ejemplos pero sobre todo uno, nos ha marcado.

A un enfermo se le acumulaban toda clase de problemas.

—Es el colmo —nos decía—, mi empresa está al borde de la ruina, mi mujer me pide el divorcio y me crea muchos problemas para la custodia de mis hijos. En cuanto a mi cáncer, me pregunto si no tengo ya un pie en la tumba.

Nos escribió tres días después de haber asistido a nuestra formación:

—¡Por fin una vida sin estrés!

Más adelante, su empresa se restableció, su mujer se divorció pero sin problemas, su cáncer desapareció.

Demasiado bonito para ser verdad, pensarán algunos, que de esta manera se crearán inmediatamente futuros menos bonitos para justificar su apreciación. La duda fabrica instantáneamente razones de dudar en el futuro, y luego nos prueba que teníamos razón de dudar. Sin embargo, la certeza de un resultado ya crea el resultado en el futuro, pero antes de actualizarlo en nuestro presente, es mejor dejar que la otra parte de nosotros compruebe la utilidad y la ausencia de peligro para el prójimo. Nuestra confianza absoluta permite a nuestro doble actualizar el futuro que permite confortar esta confianza. Nuestra certeza de un resultado le permite elegir un futuro conforme a esta certeza.

Mostrar discernimiento

Un rezo mal expresado puede ser tan peligroso como una mala forma de dormirse. Si deseáis algo lo creáis al instante.

Encender una vela en una iglesia, echar una moneda en una fuente, rezar por la noche a la búsqueda de nuestra solución, pedir un deseo a una estrella fugaz o una petición de curación, fabrican el futuro correspondiente. La cuestión es saber si la actualización en el presente de vuestro deseo es peligroso o inútil para vosotros o para el colectivo.

¡Para qué sirve desear un bienestar individual si los futuros correspondientes son peligrosos!

Querer la paz en el mundo engendra la realización inmediata de vuestra concepción de paz en el futuro. Querer curaros de una enfermedad grave desencadena instantáneamente esta posibilidad. Pero sin vuestro doble, no sabéis si vuestra forma de considerar la paz no conducirá a la guerra en la tierra, si vuestra curación no será nefasta tanto para vosotros como para las personas a vuestro alrededor.

La mejor forma de quedarnos dormidos es pedir a nuestro doble que nos envíe el mejor futuro que hemos podido crear.

«¡Que se haga tu voluntad!» Es la única forma de expresar esta idea sencilla. Si consideráis al doble como la parcela del Creador que vive eternamente en vosotros, volvéis a la conocida oración de los cristianos: «Padre nuestro que estás en los cielos (es decir en otro tiempo inaccesible durante nuestro desdoblamiento) ¡que se haga tu voluntad!»

Sin embargo, esta «oración» no debe nunca sobrentender la mínima solución a nuestros problemas.

Es muy fácil quedaros dormidos con un pensamiento que desencadena un futuro. Si pensáis en vuestra cita de mañana, en vuestras conversaciones pasadas o futuras, en el último espectáculo televisado o en la revista que estáis leyendo, vuestro sueño os arrastra hacia el futuro del que huís y que os ayuda a organizar, de la mejor manera, más pensamientos parásitos. Sin embargo, el dejar vuestro lugar de director de orquesta a vuestro doble os adormece más rápidamente que vuestros deseos o proyectos.

Una aplicación para el insomnio

En este caso también hay muchos ejemplos.

Una mujer, directora de empresa en Italia, vino a vernos alentada por su hija médico. Cuarenta años de insomnio la habían debilitado mucho. Una angustia continua le anudaba el vientre y la perturbaba de forma enfermiza en su trabajo. A la hora de comer nos confesó su falta de confianza en nuestra manera de ver las cosas.

—En los últimos cuarenta años, lo he intentado todo. ¿Cómo voy a creer que puedo resolver mi problema en una sola noche?

—¿Cuál sería tu reacción si durmieras tranquilamente las próximas noches? —nos atrevemos a decirle.

—¡Dios mío! —responde segura de sí misma y de la ineficacia de nuestra formación— ¡pensaría en recompensaros con millones!

Desde entonces duerme cada vez mejor. No nos ha dado millones, ha hecho algo aún mejor. Establecida en Italia, ha invertido tiempo y dinero en ayudarnos a dar a conocer nuestras formaciones en ese país.

Sufriendo igualmente de insomnio, su madre creía que esta enfermedad era hereditaria. Controlando su adormecimiento, ha conseguido también recobrar el buen dormir de su infancia, a sus ochenta y dos años.

El peligro de la siesta

Los movimientos planetarios facilitan más o menos el sueño paradójico. Sin embargo, en esta época de final de los tiempos, la decorporación se hace cada vez más fácil porque la energía de antigravitación aumenta cada vez más, como la expansión del universo.

Así pues, es preferible la noche al día porque, escondida por la Tierra, la atracción del Sol nos pega al suelo. Los sueños son diferentes durante la luna llena pues, visible de noche, ésta, disminuye la pesadez. El verano por el contrario la aumenta pues el sol está más cerca, e inversamente, el invierno la hace más ligera.

Llevadas a cabo durante el día, las siestas no son propicias para los viajes en el tiempo pues el sueño paradójico casi no existe durante el día entre las once y las diecisiete horas, hora solar. Además, disminuyen nuestro capital de sueño nocturno. La persona que, debido a un trabajo nocturno se ve obligada a dormir de día, invierte en veinte días la noche y el día. Consigue hacer su sueño paradójico durante el día. Experimentos de espeleólogos en grutas han demostrado esta posibilidad física, confirmando así que nuestra máquina de desdoblamiento está muy bien hecha.

Las dos partes de un ser vivo siempre se adaptan para utilizar lo mejor posible las aperturas temporales. Una de ellas pasa sus días fabricando los futuros que la otra selecciona durante la noche.

III
EL TIEMPO Y LOS CICLOS

Parece necesario conocer los ciclos del tiempo puesto que estamos desdoblados por un tiempo y un espacio cuyo desdoblamiento es él mismo cíclico.

III.1

LOS DOCE ZODÍACOS: TRES DÍAS DE PREGUNTAS Y CUARENTA DÍAS DE RESPUESTAS

> Una apertura imperceptible en el tiempo ralentizado del pasado corresponde a tres días en el presente. Así mismo, una apertura imperceptible en nuestro tiempo corresponde a cuarenta días en el futuro[1].

Algunas tradiciones nos han hablado de esos dos tiempos pero hemos olvidado su sentido.

Nuestro doble vive en un tiempo en donde la apertura máxima de sus aperturas temporales corresponde a tres de nuestros días. Nosotros vivimos en un tiempo acelerado en donde la apertura máxima de «nuestras» propias aperturas temporales corresponde a cuarenta días en el futuro.

Dicho de otra manera, una información saludable de nuestro doble nos estabiliza durante tres días. Una de las nuestras estabiliza nuestro futuro durante cuarenta días. Un solo intercambio de información con nuestro doble arregla pues nuestro presente durante tres días en función de un futuro potencial de cuarenta días.

La cuarentena de las enfermedades contagiosas, la cuaresma (contracción de esta cuarentena), los cuarenta días de momificación

---

1. Ver anexo VIII.

de los muertos de los faraones egipcios o de rezo de los musulmanes sobre la tumba de los difuntos, no son fruto de la casualidad.

Es también el tiempo de resurrección de Jesús o de la diosa sumeria Inanna. Esa «vuelta a la vida» de Jesús al tercer día ya fue descrita en las tablas sumerias: Inanna volvió de entre los muertos tras ese tiempo, gracias a su «mensajero del tiempo», el visir Ninshubur.

Tres días es también la duración para pasar las tres velocidades que aceleran el motor del tiempo hacia el futuro: el muerto fallece.

Detectado por una inactividad total de nuestro cerebro (electroencefalograma plano), la muerte clínica no es la muerte sin retorno. Se trata de un sueño paradójico durante el cual ningún cuerpo energético viene a sustituir al nuestro que se reúne con nuestro doble. Este viaje a la frontera de la muerte se lleva a cabo por el futuro hacia nuestro pasado que nos aspira por nuestro vínculo de desdoblamiento. Si sobrepasa tres días, tiempo de reflejo de nuestro segundo «yo», la muerte se vuelve irreversible.

Nuestros antepasados nunca enterraban a sus muertos antes de ese lapso de tiempo. Hoy en día, nadie tiene esto en cuenta, a pesar de que los sepultureros hayan comprobado que treinta por ciento de los muertos desenterrados se han movido en su tumba.

Las experiencias al borde de la muerte (EBM)

Las experiencias llamadas de muerte inminente —en inglés NDE (*Near Death Experiment*)— son muy frecuentes.

Estudiadas desde hace muchos años, estas experiencias al borde de la muerte siempre nos revelan características similares. Ha sido posible establecer un protocolo científico preciso basado en millones de testimonios.

La persona en EBM oye a las personas a su alrededor que a veces hablan de su muerte como una realidad irreversible. No se puede comunicar y, tras un golpe seco, se decorpora y a veces asiste desde el exterior de sí misma a los cuidados en urgencias o a la reanimación de su cuerpo.

Posteriormente es aspirada por un túnel oscuro en donde descubre a otras personas, a menudo difuntos conocidos, antes de llegar frente a un ser de luz. Solícito, éste le da una serie de consejos que la persona a veces memoriza. Toma conciencia de una frontera infranqueable antes de que la sombra le aspire violentamente. Entonces, el «muerto en aplazamiento» vuelve a la vida y este regreso inesperado conlleva un cambio total de su comportamiento.

Nuestro sueño paradójico diario es parecido a esta experiencia al borde de la muerte, solo que un cuerpo energético viene inmediatamente a asegurar nuestra supervivencia durante los intercambios de información. En las EMB, nuestro organismo es dejado al abandono, incluso puede descomponerse. Sólo nuestro regreso en esos tres días lo hace recuperarse.

El ser de luz es nuestro doble que nos pone sobre los raíles de las preguntas personales, lejos de los pensamientos parásitos de nuestro futuro. Si es capaz de restablecer un organismo en descomposición, ¿por qué no nos podría curar de cualquier trastorno o desorden corporal?

¿Qué hace sino seleccionar, arreglar y utilizar los potenciales que hemos encerrado en los doce espacios que separan los siete tiempos? Los llenamos desde hace veinticinco mil años[2]. Podemos decir que hemos almacenado futuros en doce cofres que están al «servicio de nuestra vida». En griego, eso se llamaba zoi-diaconos

---

2. Ver anexo I.

o zodíaco. Debido a nuestra encarnación, los modificamos y deberíamos permitir a nuestro doble hurgar dentro para volver a poner orden en ellos.

Utilizar las doce puertas del tiempo

No todo se arregla forzosamente en un solo sueño. Utilizando cada vez una sola apertura imperceptible de su tiempo, nuestro doble abre tan sólo uno de nuestros doce «zodíacos» durante tres de nuestros días. Para abrir los doce necesita pues treinta y seis días. Luego, durante tres días se hará una síntesis de las informaciones obtenidas.

El día cuarenta aportará siempre la mejor solución a todos nuestros problemas. Podréis entonces organizar junto con vuestro doble vuestros mejores futuros. Os bastará a los dos juntos siete períodos de treinta y nueve días para volver a poner orden en los doce futuros potenciales. Una síntesis de la misma duración resolverá vuestros problemas pasados y así pues, siete veces treinta y nueve días os pondrán frente a un nuevo futuro.

El ejemplo del feto

Un feto sigue esta ley en el vientre de su madre. Su doble también hurga en los doce zodíacos para quedarse sólo con lo necesario. Hacen pues falta los siete ciclos de treinta y nueve días para acabar el embarazo en 273 días.

Los tocólogos se han dado cuenta, pero todavía no han descubierto por qué, un bebé prematuro de casi seis veces treinta y nueve días es menos frágil que aquél que nace tras ese período. Sólo el desdoblamiento permite entender que una síntesis incompleta fragiliza más al bebé que un análisis casi terminado.

Para elegir a sus padres, el niño y su doble necesitan conocer los futuros potenciales. El orgasmo permite un intercambio de información con el futuro en donde se organizan entonces cuarenta días potenciales. Si la organización es conforme a los deseos del doble, entonces la encarnación puede tener lugar tres días después de la fecundación. Esto significa que no hay vida en el óvulo antes, sólo hay una preparación a la vida terrestre.

Cuando nace, el bebé tiene a su disposición un sueño paradójico que representa la mitad de su vida. Manteniéndose en la confianza más total, su sueño y las intuiciones que desarrolla, sólo pueden verse turbadas por su entorno familiar. Cuántos trastornos desaparecen cuando los padres saben controlar su entrada en el sueño.

Un único intercambio con vuestro doble puede volver a poner orden en toda vuestra familia. Sin embargo, es necesario estar atentos cuarenta días para mantener este equilibrio todavía frágil. Como en un embarazo, siete veces cuarenta días aportaran la estabilidad.

III.2

LA FUERZA DEL NÚMERO

> Si debido a la urgencia no es posible esperar cuarenta días, doce personas pueden buscar juntas el equilibrio saludable de una decimotercera.

En efecto, doce dobles pueden levantar de una sola vez las tapas de los doce cofres del zodíaco. Las informaciones son seleccionadas inmediatamente.

No es ninguna casualidad que Jesús tuviera doce apóstoles, que Israel tuviera doce tribus pues, siendo doce, nada es imposible para un decimotercero capaz de hacer la síntesis.

Curarse de enfermedades o estar en plena forma —lo que se llamaba parousie en griego— es tan fácil como desequilibrarse cuando se abren las puertas que separan los siete tiempos. Es lo que ocurre cada 2.070 años y, sobre todo, en la época actual.

No es fácil ser doce personas que creen el mismo futuro con proyectos análogos. Además, lo mejor de todo es reunir a personas de diferentes signos zodiacales. Sin embargo, nuestra época apocalíptica permite olvidar esta dificultad: doce personas del mismo signo tendrán resultados bastante parecidos puesto que las puertas del futuro están abiertas de par en par y las del pasado empiezan a entre-abrirse.

Hay sólo una contraindicación: la libertad de aquél a quien queréis ayudar. Sin su consentimiento, es peligroso llevar a cabo sea lo que sea. En efecto, somos los músicos del futuro de nuestros dobles. Sólo puede existir armonía entre éstos si en su futuro —es decir en nuestro presente— tocamos la misma música. Cualquier desacuerdo aleja a los directores de orquesta de nuestro pasado. Sin embargo, la armonía entre varias personas permite crear una orquesta.

Dos amigos obtienen siempre muchos más resultados que dos personas actuando por separado pues dos dobles con la misma partitura arreglan muchos más futuros que uno sólo.

Cuantos más músicos tenemos, más contentos están nuestros directores de orquesta. De esta manera favorecemos la «sincronicidad» en nuestra vida, nuestro entorno arregla nuestra vida diaria de manera estupenda.

En la calle, os cruzáis con un viejo amigo que os aporta la solución a vuestro problema. Un cartel os da la respuesta a una pregunta del día anterior. Un periódico cae al suelo aportándoos la respuesta a vuestra demanda actual.

Una experiencia saludable

Al día siguiente de una de nuestras formaciones, una joven vivió una experiencia saludable. Afectada de esclerosis en placa, lo había perdido todo: equilibrio, trabajo, apartamento, coche, dinero, compañero. Totalmente deprimida, su única solución era el suicidio. Transmitió esto a su doble antes de quedarse dormida a la vez que le entregaba las riendas de su vida.

Cuando se despertó, como de costumbre, para pasar el tiempo, encendió la tele para ver su programa habitual, se confundió de cadena y vio a una persona que declaraba: «El suicidio nunca es la solución adecuada.»

Esta aparente casualidad y esta curiosa sincronicidad bastaron para sacarla de la depresión y de su desequilibrio físico, pues la confianza en el porvenir deja al doble las manos libres para investigar en los doce cofres zodiacales de nuestros potenciales futuros.

Casi siempre, todo debería arreglarse en cuarenta días.

Antiguamente, estos ciclos vitales eran utilizados en todos los pueblos celtas. Se echaban a suertes tres reyes, entre los mejores magos de cada pueblo. Estos reyes magos o magos debían encontrar la mejor solución a los problemas que les preocupaban: sequías, inundaciones, hambrunas, guerras, epidemias o plagas. Podían ordenar las mayores locuras.

Durante cuarenta días, experimentaban nuevos proyectos con el fin de encontrar la solución más saludable. Luego, un martes, se festejaba con carne, para cerrar esta época endiablada. Se calculaba todo en función de la luna. Al final de una mascarada frenética, los «reyes de los locos» devolvían sus coronas. A partir de ahí empezaba una cuarentena para seleccionar los nuevos futuros y borrar los malos.

Era la «cuaresma»[1]. Sabiendo que posteriormente se verían obligados a privarse para aniquilar los malos proyectos, los aldeanos controlaban sus locuras. Cada uno conocía los límites que no debía franquear. Los dobles estaban ahí cada noche para encontrar una nueva sabiduría en esa loca locura. Sus intuiciones se desarrollaban. Los signos se multiplicaban.

La aldea volvía a revivir con normalidad a partir de los primeros ramos primaverales. Los problemas habían sido resueltos. Las soluciones habían sido extraídas de un futuro colectivo y seleccionadas por los dobles. Después de haber elegido la mejor, los aldeanos mataban cabritos y ovejas y se daban un gran festín.

Se festejaba la «pascua florida», el día de los ramos, que no hay que confundir con la pascua judía o la pascua cristiana.

Con el «parasitage», esta fiesta ha degenerado. Sin la ley del desdoblamiento para poner limites, las prácticas ancestrales caen a menudo en supersticiones inútiles y peligrosas.

---

1. Vieja palabra francesa para cuarentena.

Hoy en día, estaría bien llevar a cabo esta clase de experiencias para encontrar una solución a nuestros conflictos, epidemias y plagas.

Nos haría falta una sabiduría algo más alocada para encontrar nuevas soluciones a problemas que se atascan año tras año en la rutina diabólica de las peleas mortíferas, de los rencores sin fin en donde el afecto es barrido por la intransigencia y la intolerancia hipócrita.

Desde hace siglos, las criaturas del futuro nos parasitan para someternos mejor. Este parasitage es tan grande que no les cuesta nada desviarnos del camino de nuestros dobles. Sin embargo, sólo éstos podrán rechazar o calmar a las criaturas belicosas que nos visitarán cuando la última esclusa del tiempo esté abierta.

III.3

LA REUNIFICACIÓN DEL FINAL DE LOS TIEMPOS

El final de un ciclo de desdoblamiento de 24.840 años desemboca en un periodo de 1.080 años que permite la reunificación con nuestro doble.

Hoy en día, ignorantes de este desdoblamiento vital, ya ni siquiera sabemos por qué necesitamos rehacer nuestra unidad. «En el día cuando estabais juntos os separasteis», nos dice Tomás en su Evangelio[1], «mas cuando os hayáis separado ¿qué haréis?».

No hay ninguna duda acerca de la autenticidad de este texto puesto que, descubierto en el Alto Egipto en los años 1940, no ha tenido tiempo de padecer los errores de traducción. Las modificaciones que hacían los copistas de la Edad Media no la han alterado, y habla claramente de un ciclo de desdoblamiento con un principio y un fin.

Usando nuestra vida terrestre para escuchar las preguntas de nuestro doble y fabricándole los futuros potenciales correspondientes, nuestra reunificación en el momento del Apocalipsis no será ningún problema. Nos devolverá una inmortalidad perdida. Siendo dos, podremos examinar nuestras posibilidades futuras sin miedo a la muerte. En efecto, aportaremos un potencial de supervivencia a nuestro «doble», quien, por su lado, nos protegerá en su mundo con su «vestimenta» cuya característica es la blancura luminosa debido a la ralentización de su tiempo.

---

1. Evangelio de Tomás: dichos 11 y 22 . Evangelios apócrifos. http://es.wikisource. org/wiki/evangelio_de_tomas.

Al principio de nuestra era, basándose en un texto del Apocalipsis de San Juan[2], cristianos que ya no entendían el desdoblamiento, formaron la secta de los milenaristas, anunciando la resurrección de los muertos y una edad de oro de mil años en la tierra.

En realidad, el tiempo de nuestro doble se yuxtapondrá con el nuestro un muy corto instante para permitir nuestra reunificación instantánea. Toda duda, reflexión o incomprensión nos dejará clavados en nuestro mundo y nuestro tiempo y nos encerrará de nuevo durante veinticinco mil años.

Esta breve yuxtaposición final necesita de una comprensión inmediata entre las dos partes desdobladas. Nos devuelve la «vestimenta pala de Señorío» de los Sumerios o, como nos decía San Juan[3], nos permite «vestirnos con nuestras vestiduras blancas» después de la apertura de «los siete sellos del Apocalipsis».

Abriendo las doce puertas zodiacales, estos sellos corresponden a las siete explosiones solares de envergadura de las que ya hemos hablado. Esta gran apertura que une el pasado con el futuro se decía «caos» (*chaos* en griego) en que la ch es una cruz, símbolo de este fin. El Apocalipsis (o descubrimiento) es posible gracias a este «caos» cíclico que, a menudo, corresponde a violentos cataclismos, de ahí la confusión entre la causa y el efecto.

«El Apocalipsis caótico» es sencillamente el «descubrimiento debido a una apertura enorme» entre el pasado y el futuro.

El final de los diferentes tiempos necesarios a nuestro desdoblamiento nos permitirá ir en el tiempo y el espacio de nuestra comprensión. Algunos reharán su unidad con su doble en el pasado y se beneficiarán de esta manera de los intercambios con el Creador. Otros arrastrarán a sus dobles al futuro en donde se podrán tomar

---

2. *Apocalipsis de San Juan :* XX-4 y 5
3. *Apocalipsis de San Juan:* VI-11 y XX-1 a 7.

más tiempo para intentar entender y recuperar los preceptos de una supervivencia instintiva cerca del Creador. Se reunirán con los célebres demonios de los Infiernos griegos, esos músicos que, creyéndose nuestros jefes de orquesta, se vuelven manipuladores más o menos demoníacos de nuestros futuros potenciales.

Los niños «índigo»

Justo antes de ese período apocalíptico, es decir, ahora, algunas de esas criaturas del futuro intentan rehacer su reunificación en nuestro mundo y nuestro tiempo. Lo pueden hacer desde esa famosa explosión solar del 13 de marzo de 1989 que les ha abierto los tres espacios zodiacales hacia nuestro mundo[4].

Algunos de los dobles de las tinieblas ya han enviado al ser que desdoblan a encarnarse sobre la Tierra en nuestro tiempo presente, que para ellos, digámoslo de nuevo, es una realidad de su pasado luminoso. Provenientes de un tiempo acelerado, experimentando soluciones futuras a nuestros problemas, esos niños son unos superdotados cuyo cuerpo energético vibra entre el azul y el negro.

Llamados «niños índigo»[5] debido a esta vibración que les rodea, nos sorprenden por su saber anticipativo. Los primeros nacieron en 1990.

No hay que confundirlos con los niños superdotados que nacen en todas partes del mundo. Cuando el doble está cerca de nosotros, nos hace resplandecientes: nuestra época permite esta proximidad y, por eso, los niños brillan cada vez más.

---

4. Recordemos los tres períodos separados por cuatro explosiones: de 1899 a 1929 —de 1929 a 1959— de 1959 a 1989. La explosión de agosto del 2003 ha recortado el cuarto período de 16 años.

5. Ver anexo IX.

Con un doble en el futuro, el niño índigo tiene además acceso inmediato a las soluciones de los problemas causados por nuestros potenciales. Sin embargo, la mayoría de estos problemas no tiene interés para él pues él viene a nuestro mundo en busca de las preguntas de su pasado de las cuales se ve privado.

Un caso particular nos llamó fuertemente la atención. Un colega físico, a pesar de todos sus esfuerzos, no conseguía dar respuesta a un experimento relacionado con la física de las partículas. Su hijo índigo, de diez años, encontró la solución en cinco minutos, y le dijo a su padre: «Deberías ocuparte de tu hijo en vez de perder el tiempo con un problema que no tiene ningún interés.»

Los padres que quisieran estar en contacto continuo con sus dobles se harían las preguntas adecuadas y su hijo del futuro les daría la mejor solución, gracias al suyo. Podrían hacer un vínculo con las múltiples preguntas pasadas e inculcar a su hijo nuevos polos de atracción. Su rol educativo es pues de máxima importancia. Si siguen las sugerencias de sus dobles, pueden transformar las ganas, los deseos y los proyectos de su peligrosa descendencia cuyo futuro potencial se volverá así aceptable en nuestro mundo. Si no, «estos hijos matarán a padre y madre» pues no tienen en ellos ninguno de nuestros valores morales, que, normalmente, nos alejan del crimen de manera natural. Estos niños reharán su unidad en la Tierra antes que nosotros pues la puerta zodiacal hacia nuestro pasado se abre en último lugar: es el séptimo «sello del Apocalipsis».

El héroe de antaño

Volviéndose inmortales en la Tierra, algunos se harán pasar por dioses, como los fabulosos héroes del Olimpo Griego tan poco divinos, o esos Atlantes desaparecidos misteriosamente, o esos dioses del país de Sumer, esos Nefilim de la Biblia[6], «esos hijos de Dios que se unían con las hijas de los hombres. Estos fueron los hombres valientes que desde la antigüedad alcanzaron renombre.»

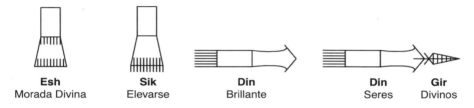

Esh	**Sik**	**Din**	**Din**	**Gir**
Morada Divina	Elevarse	Brillante	Seres	Divinos

Nephelos, en griego, significa: pequeñas nubes en el cielo.

En sumerio, evidentemente eran ovnis.

La Biblia parece hablarnos de extraterrestres: «Los Nefilim estaban en la Tierra en aquellos tiempos... Eran los poderosos de la eternidad, el pueblo de los shem.»

Shem   Omega   Objeto volador sumerio

Este dibujo egipcio, muestra un omega en el cual se lleva a cabo una metamorfosis (el escarabajo)[7], gracias a la ascensión del módulo fijado al suelo por dos amarras, como el objeto volador sumerio. Un «inmortal» que llega a la Tierra ¿no debería cambiar de forma y de vestimenta?

Leyendas de ayer y realidad de mañana

Lo que creemos que son leyendas de antaño podrían volverse las tristes realidades de mañana. Al final de un ciclo, las Criaturas eva-

---

6. *Génesis:* VI-4.
7. Ver anexo IV.

cuan los lugares peligrosos. Otras, inconscientes o temerarias, se dejan encerrar dentro. Nosotros somos de ésas.

¿Sería un error vivir en el lugar en donde podemos utilizar los instintos de supervivencia que entendemos? Sin duda nos hace falta un poco más de tiempo para conseguir mejores instintos y sólo el futuro nos posibilita esta larga reflexión. Sin embargo, es importante entender el funcionamiento del tiempo cuando por fin se presente la posibilidad de salir del agujero.

La Tierra puede ser considerada como un paraíso por aquéllos que ignoran el Principio Creador. Para las criaturas inmortales, es un lugar infernal en el que se «pare con dolor» y en donde se trabaja «con el sudor de su frente» en la piel de un mortal.

Nuestro doble se encuentra todavía en la luz creadora y sus informaciones pueden pues sacarnos de nuestra desdicha actual. No posee la verdad universal, posee sólo la nuestra, aquélla para la cual ha sido programado por las preguntas del Creador. No es la de los demás. Por eso debemos dejar de lado todo proselitismo.

No es un terráqueo, es un ser de luz que sigue siendo una parcela del Creador. Esta dotado de la fuerza creadora de una estrella que es nuestro polo de reunificación y de reconstitución. El Creador se ha dividido para conocerse mejor. Cada uno de nuestros dobles le aporta una respuesta. Aquél que quisiera Conocerlo debería reunirse con los diez billones de billones de criaturas correspondientes a los diez billones de billones de estrellas de nuestro universo observable. Entonces se daría cuenta que no se conoce a sí mismo y que, por eso, no conoce al Creador.

Cada alma tiene una estrella y el que lleva una vida intachable durante el tiempo que le es acordado tornará a su estrella.

Platón (Timeo/Critias)

III.4

VÍNCULO CON EL CREADOR

> El ciclo de desdoblamiento solar ofrece, cada 2.070 años, una apertura hacia las Criaturas Inmortales que han mantenido su doble en su futuro.

Permitiendo ajustar nuestro presente con su futuro, ese paso es el de un crucero sobre el río del tiempo que se atraviesa en 12 esclusas de 90 años. Los tiempos se equilibran pues, perfectamente, 630 años después de la entrada o antes de la salida que dura 90 años.

Gracias a la teoría del desdoblamiento sabemos que el final puramente teórico de los siete tiempos se sitúa entorno al año 2079. Podemos pues deducir que los últimos intercambios de informaciones con las Criaturas vinculadas con el Creador tuvieron lugar al principio de nuestra era.

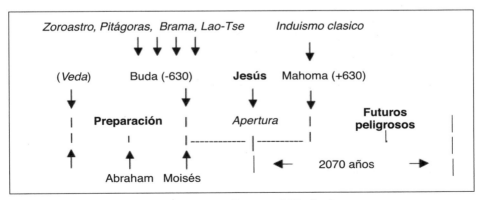

Las aperturas (2 veces 630 años)
Apertura de los tiempos (2 veces 630 años)

En efecto, Buda abrió la esclusa que Mahoma cerró, mientras que Jesús se benefició del equilibrio de los tiempos. Buda nació 630 años antes que Jesús. Mahoma murió en el año 632 de nuestra era.

Si observamos la vida de Buda, Jesús y Mahoma, se ve claramente el paso de una esclusa del tiempo:

Según envejecía Buda percibía a su doble cada vez más fácilmente, desarrollando de esta manera intuiciones saludables a medida que se abría la puerta. Así pues, su juventud fue violenta y su vejez pacífica.

Mahoma, al contrario, percibió al suyo con cada vez más dificultad. La puerta se iba cerrando, las intuiciones se hacían cada vez más esporádicas. La primera parte de su vida fue no violenta, pero su vejez hizo su proselitismo intransigente, por no decir, violento.

Al beneficiarse del equilibrio de los tiempos, Jesús tenía a su doble a su lado de continuo. Fue el único en poder decir: «El Padre está en mí y yo estoy en el Padre.»

Si la humanidad no se hubiera visto parasitada de manera hipócrita y pérfida, transformando una certeza científica en fe religiosa, tendríamos hoy a nuestra disposición una ciencia vital hecha de los principios fundamentales de las grandes tradiciones: judaica, budista, hinduista, taoísta, cristiana, islámica, animista, por sólo hablar de las más conocidas[1].

En efecto, en la época de Buda vivieron otros grandes profetas, como Zoroastro, Pitágoras, Brama, Lao-Tse, y tantos otros que nuestra historia ha guardado en su memoria. El fanatismo, la intolerancia y las guerras de religión han sabido destruir lo que esas criaturas excepcionales habían venido a decirnos para ayudarnos.

Su mensaje era sencillo: «No hagáis a los demás lo que no queráis que ellos os hagan a vosotros!»

---

1. Ver Anexo 10.

Es la única forma de construir futuros potenciales individuales sin peligro para la colectividad. Podían haber explicado el desdoblamiento pero, en aquella época, nadie tenía «ojos para ver ni oídos para oír».

Mahoma llegó antes del cierre definitivo de la esclusa para corregir los errores dejados por seis siglos de oscurantismo religioso. Desde entonces, las cruzadas, las religiones y la inquisición de antaño, las guerras económicas, políticas, coloniales, sociales y siempre militares de hoy en día, han barrido los restos de un conocimiento ancestral.

El futuro del Creador

Un conocimiento transmitido de unos a otros desde hace siglos nos podía haber hecho tomar conciencia de los peligros escondidos en nuestros futuros. Nuestra ciencia actual lo ha enterrado todo, ignorando el conocimiento envuelto, demasiado a menudo, de múltiples supersticiones. Los cristianos han rodeado la redención con tanto misterio, que hoy en día sigue siendo incomprensible.

La muerte de Jesús permitió el retorno de nuestros dobles al futuro del Creador. Los futuros potenciales peligrosos que habíamos creado quedaban borrados. Desde entonces, su doble se encuentra «al lado del cerrojo» (para-cleis en griego) que lo separa de los nuestros. Durante el cierre de la última de las seis «noches» de 2070 años, Jesús sólo puede transmitir informaciones a través del intercambio con él.

¿No nos había prometido «enviarnos el paráclito[2]»?

«Es de mi bien que se os dará» es una frase lógica para aquél que conoce las puertas del tiempo. Un pensamiento de Jesús crea el futuro en las aperturas temporales de su paráclito en donde vivimos.

---

2. Evangelio de San Juan: XV-7/8.

No se necesitan grandes palabras teológicas para entender la importancia del paráclito que podría vincularnos con el Creador. Sin embargo, tomamos las tinieblas como luz, lo cual ensombrece todavía más nuestras posibilidades de futuro. La intolerancia y el racismo crecen en el mundo y nunca los relacionamos con nuestros proyectos pasados.

He aquí el planeta sometido a guerras interminables y catástrofes, las cuales equivocadamente, pensamos que son «¡naturales!».

Nuestros potenciales futuros son pobrísimos.

Algunos países en particular han atraído más el peligro que otros.

Desde los Sumerios hasta el pueblo Judío, el Oriente Medio ha sido un lugar de enfrentamientos mortales. Poseedor de las memorias del pasado, atrae obligatoriamente los dramas hacia sí.

Cuando veáis Jerusalén invadida por los ejércitos, sed conscientes de que el fin está próximo... Habrá señales en el sol, la luna y las estrellas[3].

En efecto, abriendo los siete sellos de los siete tiempos, las explosiones solares causan gigantescos vientos de partículas solares que se escapan por agujeros llamados «coronales».

En la última de las siete explosiones tendremos la sensación de que el Sol se rompe en pedazos, como ya relataron los Amerindios que compararon el astro luminoso con una porcelana que se rompe en mil pedazos.

---

3. Evangelio de San Lucas: XXI-20/25.

III.5

LOS CAOS E INVASIONES DEL FINAL DE LOS SIETE TIEMPOS

Cuando el pasado, presente y futuro por fin se comunican —después de veinticinco mil años de separación— un sistema solar como el nuestro se vuelve a colocar en su sitio. Esta recolocación depende de nuestros futuros potenciales y de su actualización al final de los tiempos.

Somos los únicos causantes del desequilibrio de nuestro mundo pues seguimos fabricando futuros potenciales peligrosos que nunca deberían ser actualizados en la Tierra. No es de extrañar que este planeta azul demasiado delgado y casi anoréxico, se vuelva bulímico cuando los doce zodíacos abran sus puertas, permitiéndole atraer hacia sí un nuevo alimento. En el año 2002, dos meteoritos rozaron la Tierra sin que pudiéramos preverlo. Si hubieran chocado contra nosotros, la humanidad habría sido exterminada, como lo fueron los dinosaurios.

Actualmente, tanto los parámetros de la Tierra como los que miden las cóleras de nuestro Sol, están al rojo vivo. Es posible deducir, que sin un cambio en nuestro comportamiento, la fecha[1] del final de los siete tiempos debería situarse entorno al 2012.

Nos encontramos cara a cara con los futuros posibles elaborados durante veinticinco mil años. Las criaturas que los han fabricado en nuestras aperturas temporales ya han terminado su desdoblamiento.

---

1. Ver anexo XI.

Hemos visto que algunos niños procedentes del futuro han podido encarnarse en la tierra. Pero eso sólo es el entrante de una comida que podría hacerse muy indigesta.

Falsos profetas...

Pronto, frente a nuestros ojos atónitos, podrán materializarse criaturas inmortales. Algunos pensarán, erróneamente, que se renueva la hazaña de Jesús ante sus apóstoles. No tiene nada que ver pues estas criaturas no estarán unidas al Creador, sino a su doble, evolucionando en los futuros prohibidos. Predichas al final de los tiempos, tendrán poderes increíbles.

Estos falsos profetas manejarán futuros peligrosos que habrán estudiado y explorado mucho antes que nosotros, provocarán enfermedades para luego curarlas, conmocionarán al planeta para luego calmarlo. Esta invasión apocalíptica ya ha sido preparada por los intercambios de informaciones que llevamos a cabo sin el control de nuestro doble. El «parasitage» es tan grande que la desinformación es casi total. En todos los países del mundo abundan publicaciones y escritos, a menudo esotéricos, siempre sectarios, supuestamente inspirados por Dios, los ángeles o los extraterrestres. Nos hacen tragarnos graves errores.

Para infiltrarse, los pensamientos parásitos usan escudos religiosos para poder penetrar mejor en nuestros pensamientos. El amor siempre tiene «buena espalda» para atraer hacia sí a aquéllos que viven del odio y del pensamiento único procedente de un futuro colectivo que da miedo y que difunden en todas las mentes para imponer mejor sus leyes.

Desde hace años sufrimos del «parasitage» infernal de nuestros intercambios. Nuestra agresividad se desarrolla igual de rápido que nuestras enfermedades. Será difícil revolucionar al mundo antes del

2012, año probable del final de los tiempos, previsto por el calendario Maya que, curiosamente, se detiene en diciembre de ese mismo año. Sin embargo, ninguna predicción es definitiva. Todavía es posible retrasar esa fecha algunos años para permitir que la Tierra se calme. Muchos pensamientos terrestres pueden ser anulados o reforzados, así como los cataclismos que éstos construyen en el futuro.

Seguimos siendo durante algún tiempo dueños de nuestras aperturas temporales. Nadie nos impide volver a tomar nuestro lugar de directores de orquesta y de mandar a nuestros músicos a sus atriles.

Nuestro mundo ya ha conocido épocas parecidas.

Las cicatrices de los sucesivos caos están visibles por todo. Nuestra ciencia los sigue descubriendo en los sedimentos, los hielos, el cambio de la fauna y de la flora. Las excavaciones arqueológicas no dejan de sorprendernos. Buscamos instintivamente el pasado que ha desencadenado tantos malos futuros.

... y falsos dioses

Cuatro mil años antes de J.C., una apertura del tiempo dejó pasar falsos dioses: era la época de los Sumerios. Tras mil años de proezas, estos inmortales morían dejándonos como testamento mensajes escritos, grabados en numerosos monumentos y tumbas.

La humanidad salía entonces brutalmente de la edad de piedra para entrar en un conocimiento asombroso, tanto en matemáticas como en arquitectura, astronomía, agronomía, irrigación, etc. Un saber sorprendente acababa de cambiar a los primates que éramos todavía, en monos sabios. Las generaciones siguientes vivieron con los restos de un conocimiento perdido. El Egipto de los faraones es el mejor ejemplo, pues ya desconocía las leyes universales que él mismo había desviado de su objetivo.

Ahora sabemos que la erosión de la Esfinge es la consecuencia de un clima lluvioso. Este monumento es en realidad de unos diez milenios antes de la época de los faraones. Esto nos hace suponer que el caos registrado diez mil quinientos años antes de nuestra era destruyó una civilización que fue importante, origen de grandes tradiciones.

Sin duda, la de los Atlantes. Atlas, ese dios violento de la mitología griega tomó parte en la lucha de los Gigantes y de los Dioses. Como castigo, Zeus, dios del Olimpo, le hizo sostener las doce columnas del mundo.

Sin conocer el principio del desdoblamiento, es difícil descifrar los mensajes que nos dejó esta civilización. Después de un caos, la noche de los tiempos lleva al olvido.

Ahora podemos asegurar que futuros mortales han arrastrado a nuestro planeta hacia un caos destructor del que Platón seguía teniendo la memoria. Nos hablaba de una invasión pasada catastrófica inculpando a dioses.

Cuando la esencia divina se fue debilitando por su continua mezcla con la naturaleza mortal —decía—, comenzaron a degenerar. Entonces Zeus reunió a todos los dioses en la parte más brillante de las celestiales moradas en el centro del universo, desde donde se contempla todo lo que participa en la generación, y al verlos juntos dijo...

En efecto, nunca sabremos lo que Platón quería hacer decir a Critias[2], pues el texto se detiene ahí.

¿Se trataría pues de una situación grave para reunir a los «dioses» ahí en donde se fabrican los porvenires? ¿No debíamos experimentar un nuevo porvenir en una apertura temporal en el centro del univer-

---

2. Timeo/Critias de Platón. Ed. Flammarion 1992.

so? Una experiencia tal, instantánea, podía asolar todo el planeta. Es por eso que la casi totalidad (97%) de los mamíferos superiores desapareció del hemisferio norte.

¿Qué será el caos en el final de ciclo dentro de algunos años? Sabiendo que todavía es posible calmar el planeta, estaría bien ponerse en marcha ahora mismo. Más cercano a nosotros, el Diluvio parece ser el resultado de otra confrontación entre los dioses del pasado y los del futuro en nuestro presente terrestre.

Las tablas de arcilla de los Sumerios, escritos originales incuestionables, son claras. Este pueblo distinguía dos clases de dioses: «Enlil sentado bajo la estrada sublime, frente al cual los dioses de la tierra se inclinan aterrados, frente a quien se humillan los dioses del cielo.»

Los dioses del Olimpo podrían corresponder a esta jerarquía divina. La Odisea nos cuenta curiosas historias de titanes, gigantes y cíclopes. ¿No se trataría de mestizaje poco habitual con «dioses» que no eran probablemente espíritus puros ni apariciones más o menos fantasmagóricas? En cuanto al Génesis, éste habla claramente de los cruces carnales:

Aconteció que cuando comenzaron los hombres a multiplicarse sobre la faz de la tierra, los hijos de Dios vieron que las hijas de los hombres eran hermosas. Tomaron para sí mujeres, escogiendo entre todas, y les engendraron hijos. Estos fueron los valientes que desde la antigüedad fueron varones de renombre[3].

... y el misterio de los ovnis

Hoy en día preferimos hablar de extraterrestres, de abducciones y de experimentos genéticos. ¿Por qué no de cruces que ya se estarían

---

3. *La Biblia:* libro del Génesis, VI-1 a 4.

realizando en «otro lugar» más rápido que en la Tierra? Dentro de algunos años seremos capaces de percibir lo que hoy en día es todavía imperceptible en las aperturas temporales. De aquí a entonces, los diversos testimonios relacionados con los «Objetos Voladores No Identificados» —y difícilmente identificables con nuestra percepción del presente— permanecerán en la sombra.

Sin embargo, ya tenemos hechos que nos muestran la diferenciación de los tiempos. Un cabo del ejército chileno llevaba a cabo una rueda de inspección con su compañera. De repente apareció un objeto luminoso en el cielo. Cuando desapareció, el cabo ya no estaba ahí. Este episodio ha sido tan profundamente estudiado que ya no es discutible. Diez minutos después de la abducción, el objeto volador no identificado regresó y el cabo reapareció bajo los ojos atónitos de sus hombres. Dijo que había estado fuera cinco días. Tanto su reloj como la barba de cinco días sobre su rostro no daban lugar a duda: había envejecido más rápido que sus hombres. ¿Por qué no deducir que había utilizado sin saberlo una propiedad física del tiempo? Esto descartaría controversias.

Un estupendo parasitage y gobiernos ávidos de nuevas técnicas militares facilitan una futura invasión peligrosa. Nuestra curiosidad nos empuja hacia fenómenos e informaciones que juzgamos, erróneamente, paranormales. Si entendemos que no hay ningún misterio, que tan sólo se trata de una ley rigurosa, evitaremos actualizar en nuestro mundo futuros prohibidos y caóticos.

El problema reside pues en que entendamos nuestra responsabilidad en las enfermedades y en los trastornos planetarios que empiezan a perturbarnos de manera sorprendente.

Hemos abierto la puerta de los futuros catastróficos. ¡Intentemos volverla a cerrar antes de que nos aplasten!

III.6

LOS OBSTÁCULOS

La voluntad, la duda o el miedo son los mayores obstáculos para el logro de nuestro adormecimiento.

Es fácil dormirse reposándose en el otro "yo", sin embargo, una buena entrada en el sueño (adormecimiento) necesita estar vigilantes, pues la voluntad, la duda y el miedo nos catapultan hacia el futuro en donde ya no nos llegan los consejos vitales de nuestro doble.

La voluntad, significa también: las decisiones, las distracciones, las conclusiones, los objetivos, los juicios, las ganas, las exigencias, las aspiraciones, los deseos, la codicia, las ambiciones, las necesidades, las atracciones, los proyectos, las intenciones, las creaciones, los cálculos, los resultados, las soluciones, etc.

Solos frente a nosotros mismos

La duda es también: la incertidumbre, la perplejidad, la indecisión, el escepticismo, la desconfianza, la reserva, la prudencia, la reticencia, la incredulidad, la suspicacia, la reflexión, la inquietud, etc.

El miedo es igualmente: la tensión, las angustias, el pavor, la conmoción, las fobias, el temor, la inquietud, la ansiedad, el desamparo, el desasosiego, la perdición, la preocupación, el terror, el tormento, etcétera.

La voluntad de nuestro doble sólo se puede expresar si nosotros renunciamos a la nuestra.

La duda presupone que nosotros somos los únicos capaces de encontrar la mejor solución a nuestros problemas.

El miedo expresa nuestra dificultad en aceptar la posible solución preconizada por nuestro doble.

En todo caso, que sea voluntario, incrédulo o angustiado, cualquier pensamiento crea un futuro que nos atrae inmediatamente. Esta atracción es una energía. De la misma manera, un intercambio con nuestro doble no es la consecuencia de bondad por su parte, sino de fuerzas antigravitacionales que nosotros debemos poner en marcha[1].

Esta energía puede ser extraordinaria.

Tomad como ejemplo el hecho de que un niño se cae de un quinto piso y se levanta sonriente, sin ni siquiera un moratón. Esto es una toma de conciencia importante.

El niño no sabe que se puede morir, hasta es feliz volando y chupándose el dedo. Confía y acepta totalmente una solución que ignora. De esta manera no actualiza ningún efecto nocebo entre los futuros disponibles. Atrae así a su doble y el intercambio de los cuerpos energéticos conlleva una levitación tan fuerte que no aparece ninguna herida.

A un adulto con problemas le cuesta llegar a ese estado de abandono total que, sin embargo, aporta la mejor solución. Claro que es difícil ser confiados cuando una enfermedad grave parece llevaros a una muerte segura. A menudo, los médicos y los familiares cercanos ya se han convencido de que estáis perdidos. Esta certeza ya ha fabricado vuestra muerte en el futuro. Os basta con actualizarla en vuestro presente para probároslo. Sin embargo, ninguna enfermedad debería ser incurable, todo depende de vuestros futuros potenciales y de vuestro doble.

---

1. Ver Anexo 6.

Si grandes o pequeños problemas os permiten crear potenciales válidos, serán de utilidad. Sin embargo, no tendrán ninguna razón de existir si os arrastran lejos de vuestro doble y de sus sugerencias que nunca son obligaciones.

Sólo las criaturas del futuro os pueden imponer una forma de ser. Os enfermarán para luego curaros y así demostraros que vuestra vida os conduce hacia el mejor futuro. ¿No es ésta la mejor manera de modificar vuestra conciencia y la de vuestro entorno? ¿No sentiréis la tentación de imponer vuestras ideas con el pretexto que han llevado a vuestra curación? Y estas ideas serán consideradas imprescindibles en el futuro para vivir bien.

Una curación sólo es válida si nos permite construir un mejor futuro. El cambio de nuestro pensamiento es más importante que el de nuestro cuerpo pero se consigue con más dificultad, pues a menudo necesita dejar de lado ideas bien enraizadas en nosotros debido a un «parasitage» continuo del futuro. A menudo, las personas que nos rodean no nos dejan pensar como nuestro doble y nos desvían de él, por ignorancia.

III.7

SABER FRANQUEAR LOS OBSTÁCULOS

Los ejemplos que damos de autocuración no tienen como objetivo promover un método personal sino el de enseñar el control de un principio vital accesible a todos.

Cualquier desequilibrio causa en vuestro entorno futuros potenciales peligrosos que hay que saber evitar. Una de las primeras personas enfermas que conocimos es un buen ejemplo.

Yolande C. aquejada de cáncer de pulmón, iba derecha hacia su muerte, cuando nos llamó por teléfono. Intrigado por nuestro enfoque científico, su cancerólogo le había dado nuestro número.

Una consulta rápida le dio los elementos necesarios. No quería llenarse la cabeza con múltiples detalles, quería ir a lo más urgente.

Tenía una total confianza, como el niño que espera todo de sus padres. ¿Por qué no de su doble? De todas formas no tenía nada que perder, sabiendo que, según las estadísticas médicas, ya tenía un pie en la tumba.

La buena sorpresa

Algunas semanas después, su tumor había desaparecido por completo. Seis meses más tarde, Yolande estaba de nuevo preocupada.

—Cómo ¿curada? cuando sigo fumando como un carretero! ¡Seguro que la cosa sigue estando ahí!

La palabra cáncer le daba miedo, para ella era su «cosa».

Por su parte, el cancerólogo nos informó de su alegría por el resultado y de su gran sorpresa. Todos los parámetros estaban perfectos. Aconsejó a Yolande que fuera a ver a su médico de cabecera para que le diera algunas vitaminas.

Habiendo tenido entre sus manos el primer escáner que mostraba su enfermedad, éste, que conocía perfectamente el final ineludible de esta enfermedad, no la animó, sino todo lo contrario:

—¡A ver, piensa! —le dijo—, si te dejan fumar es porque ya no hay nada que hacer. Una enfermedad como la tuya no perdona. Te quedan tres meses de vida. ¿Te acuerdas de Jacques Brel? Con todo el dinero que tenía recibió los mejores tratamientos, y hoy está muerto y enterrado. Yo en tu lugar iría a consultar a otro cancerólogo.

Hundida, ni se le ocurrió decir al médico «enterrador» que hacía tiempo que los tres meses habían transcurrido y que ya le estaban tratando un cancerólogo y un radiólogo.

Menos mal que un nuevo scanner la tranquilizó rápidamente. Ya no le quedaba nada. Por fin, su rostro irradió felicidad. Rejuveneció diez años.

—Voy a venir a una de vuestras formaciones —nos dijo feliz— porque quiero saber cómo funciona para poder explicarlo, pues no he entendido nada de lo que contáis.

Nos quedamos atónitos pero felices al oír que lo importante podía resumirse en pocas palabras.

Se volvía a poner en contacto con nosotros un año después:

—Gracias a mi doble, hace dos meses que no fumo —nos dijo satisfecha—, pero he engordado tres kilos. ¿Pensáis que le puedo pedir que adelgace?

—No tienes que pedir nada —le recordamos— el decir que resuelva el problema de la mejor manera posible, no es imponer nuestra solución.

—Pero, ¡lo mejor no es que me transforme en un tonel! —exclama horripilada.

Nos da la risa pues no nos podíamos imaginar que este problema preocupara a una mujer tan delgada.

Pasaron siete meses.

—No he podido aguantar más, he vuelto a fumar... —nos dice por teléfono.

Nos dimos cuenta que la recaída ocurría después de siete veces cuarenta días. A pesar de comentarle esto en multitud de conversaciones telefónicas, renacía en Yolande una vieja angustia.

—El cancerólogo me ha vuelto a decir que como vuelvo a fumar voy derecha a una recaída, que según él, puede ser extremadamente grave. Se teme lo peor, habla de células durmientes. ¿Qué os parece?

—Dejar de fumar es un excelente consejo, sobre todo, en tu caso. Sin embargo, habías encontrado el equilibrio sin dejar de fumar, ¿lo has olvidado?

—¡Claro que no! Pero ya no me acuerdo cómo me las arreglé.

La sentimos presa de pánico. Nos confesó el hecho de no poderse dormir sin estrés.

Para tranquilizarse fue a consultar a otro cancerólogo quién la examinó después de haber visto su IRM.

—¡Si hubiera Ud. tenido el cáncer que pretende haber tenido, hace tiempo que estaría muerta! —le dice, concluyente.

Entonces, por primera vez, se atrevió a hablar de las aperturas temporales y de su manera de ver las cosas.

—Señora ? dijo, harto de esta mujer que él consideraba como una enferma imaginaria y quizá un poco loca ?, Ud. no tiene nada de nada. Dígase a sí misma que el tiempo nos j... a todos, y que en cuestión de cáncer, nadie puede afirmar nada. En cuanto a mi colega, que habla de células durmientes, lo que partiría de risa a cualquier biólogo, le puedo decir que no soy adivino y que un día u otro todos nos moriremos de una cosa u otra.

Es muy difícil para un enfermo afectado de una enfermedad incurable, hacer que su curación sea aceptada. ¿Cómo podría pues hablar sobre la del alma que le une con su doble? El entorno no está preparado para aceptar un hecho que molesta sus propias ideas. Aquél que intenta convencer perturba un futuro que inmediatamente pone en la mente de las personas hechos que prueban lo contrario. El proselitismo empuja a las personas a la intolerancia y consiguen lo contrario del efecto deseado.

El borrado de los «pecados»

Sin embargo, el final de los tiempos actual, permite arreglar nuestros potenciales peligrosos que los Griegos llamaban «pecados»[1]. Hay que borrarlos mientras sigan siendo potenciales, antes de que puedan ser actualizados por alguna otra persona.

No deberíamos curar a un enfermo sin quitarle su «pecado», si no, nos haríamos responsables de ese peso del futuro que deberíamos también arreglar antes del final de los tiempos.

Aquél que puede ver un futuro peligroso y suprimirlo se vuelve un excelente terapeuta. El final de los tiempos permite esta hazaña que sólo Jesús podía realizar hace dos mil años. ¿Qué es más difícil, decir: «Te quito el peso del pecado que te ha paralizado» o «Levántate y anda»?

Hacedlo antes de dudar del resultado. Veréis que la fuerza de vuestro doble no tiene límites. Sólo las personas convencidas por

---

1. Para los griegos, el pecado es: $\alpha\mu\alpha-\rho-\tau\alpha\nu o$ (ama-r-tano = pecado). Extiende (tano) nuestro vínculo (r = ρ) de desdoblamiento hacia el futuro (α). Nos volvemos amar en vez de seguir siendo el irreprochable amo, centro m (µ) entre el futuro (α) y el pasado (Ω).

esa otra parte de sí mismas son convincentes de forma natural. Las otras no son más que marionetas de su futuro intentando imponer sus ideas en detrimento de las libertades.

Cada uno es el jefe de una orquesta del futuro. ¿Por qué perturbar la música del otro imponiendo nuestra medida? Estamos en la tierra para crear armonía entre nuestros músicos y no para modificar las partituras de nuestros dobles.

Podríais pensar que cuanto menos sabéis, más os podéis apoyar con toda confianza en vuestro doble. Pero, aprovechándose de vuestra inocencia, aquéllos que se dicen conocedores, pondrán en vuestra mente dudas capaces de despertar los futuros causantes de vuestros disturbios corporales.

Los ejemplos que damos de autocuraciones no tienen como fin el promover un método personal, sino el de enseñar un control de un principio vital accesible a todos.

Una campanada de alarma

Todos moriremos pero sólo nuestro doble puede decidir la fecha. Es importante dejarle esta decisión sobre todo cuando el cuerpo médico os condena en el nombre de las estadísticas.

Así pues, un médico se sabía perdido. Su tensión subía rozando los treinta. Lo había intentado todo para restablecerse, pero sin éxito. Su angustia crecía. Tras haberle explicado el mecanismo de la anticipación, una noche fue suficiente para hacerle llegar una información saludable de su doble. Su tensión se normalizó. Más adelante, con un entusiasmo desbordante, nos organizó una formación en su ciudad pues quiso compartirlo.

Los insomnios, las migrañas crónicas, las angustias, el alcoholismo, la droga, el estrés insidioso, los cambios bruscos de tensión y las depresiones, son desórdenes que un sólo intercambio con nuestro doble puede suprimir, solo que no hay que intentar reunir a las personas que sufren las mismas patologías. En los casos de dependencia, es imprescindible evitar los potenciales comunes que correrían el riesgo de agravar la situación.

¿Hay que estar moribundo para confiar en la capacidad de nuestro doble de sacarnos de los problemas? Una enfermedad grave es una buena campanada de alarma pues os libera de pensamientos parásitos. Estáis dispuestos a agarraros a cualquier tabla de salvación. Sólo cuenta el resultado, y cuando éste llega, sabéis que tenéis siempre a vuestra disposición una fuerza extraordinaria.

Es el caso de esta mujer que se desesperaba sola en su casa. Su marido se había suicidado tras su diagnóstico de cáncer. Ocho meses después, en grave depresión, abarrotada de tranquilizantes, no conseguía recuperar el dinero que había invertido en la empresa de su marido. Los hijos de éste no querían pagarle. Ella les había criado con todo el afecto de una madre y su actitud la estaba minando enormemente. El pleito que había emprendido contra ellos no solucionaba nada.

Su médico se interesó por nuestros conocimientos y nos pidió que les explicáramos nuestro método en su consulta. Teníamos sólo una hora, así que tuvimos que ir «al grano».

Tres días después de nuestro encuentro, la paciente se sentía mucho mejor, y fue dejando sus tranquilizantes, poco a poco, y sin problemas. Una semana después, recibía la visita de sus «hijos» que le traían el cheque tan esperado y le devolvían el afecto de antaño. Estaba sorprendidísima.

La ausencia total de dependencia hacia los medicamentos era asombrosa, y nos hacia suponer que la dependencia al tabaco, alcohol o droga podía ser suprimida, sin problemas, de la misma forma. En formaciones posteriores, algunos alumnos nos lo confirmaron.

Esta búsqueda de equilibrio puede llevarse a cabo en cualquier ámbito. No es sólo para los enfermos. Los dolores del corazón incapacitan a veces más que una enfermedad incurable.

Abandonada por su amigo, una mujer de cuarenta años se moría de aburrimiento en Florencia, sola, sin hijos, sin ganas de vivir. No teniendo nada que perder, decidió seguir los consejos de su tía que conocía la energía del doble por haberla experimentado ella misma. Una semana después un hombre le llamaba por teléfono desde Canadá. Era el novio de su juventud. Casado y divorciado desde hacía varios años, acababa de descubrir «por casualidad» una vieja agenda que le permitía volver a tomar contacto con su primer amor, lo que hizo.

El buen camino

¿Quiere esto decir que todo se puede solucionar? Sería demasiado bonito. Muchas personas no obtienen el resultado esperado, ¿por qué esta diferencia? Podemos afirmar sin confundirnos que el único límite es el que nos imponemos nosotros mismos, sea porque nos confundimos de dirección, o porque pensamos que somos demasiado débiles. Los malos caminos son frecuentes cuando no tenemos paneles indicadores y a menudo nos empeñamos en encontrar una solución a un problema que no tiene nada que ver con nosotros.

Nuestro límite también está en nuestra cabeza: creyendo poder saltar un obstáculo de un metro de altura, ni siquiera intentamos poner la barra más alta. En casi todos los casos somos los únicos responsables de nuestros fracasos.

El final actual de un ciclo solar y el de nuestro desdoblamiento que depende de ello, nos permite mover montañas. Esta época nos proporciona una fuerza creadora sin otros límites que la que le acordamos. Es también una fuerza destructiva que hay que saber controlar sin dejarse invadir por los pensamientos de los demás. Las sugerencias de nuestro doble deberían guiarnos todo el tiempo pues, en nuestros días, es ciertamente necesario tener el conocimiento del principio vital relacionado con el tiempo, pero también es necesario utilizarlo para «ser lobo entre los lobos y oveja entre las ovejas».

Sin esto, nos volvemos marionetas de aquéllos que fabrican nuestros futuros. Éstos se hacen pasar por servidores de un Dios poderoso o por extraterrestres muy civilizados, y pasan su tiempo acelerado manipulándonos. ¿Por qué seguir sus consejos y separarnos de esta manera de nuestro pasado? Sus falsas ideas tienen la habilidad de arrastrarnos hacia un futuro capaz de probarnos que son verdad.

Así pues, aquél que tiene miedo a ser robado, hace nacer el robo en el futuro, del cual podrá él ser la victima. Tener miedo a la pobreza nos empobrece en el futuro, esperar la riqueza enriquece nuestros potenciales. Creer a partir de nada permite al futuro hacernos creer en lo que él crea a partir de esta creencia. Así pues, la nada se vuelve un todo inútil.

¡Cuántos falsos dioses son fabricados así en nuestras memorias a partir de dogmas, sólo para confundirnos! Extraen sus energías del potencial individual correspondiente a nuestros proyectos pasados que están todavía disponibles. Este potencial se vuelve colectivo cuando otra persona lo utiliza para vivir el presente. Atraídos por lo maravilloso, gurús despreocupados, vierten sin control el flujo de sus ideas intuitivas que en realidad, tienen su fuente en nuestros propios pensamientos. Permiten actualizar en la Tierra futuros inútiles o peligrosos resultantes de nuestras vivencias pasadas.

Así pues, creer que el caos es inminente, que un porvenir infernal debe castigar al mundo, hace nacer instantáneamente un infierno caótico en nuestro futuro que intenta posteriormente restituírnoslo. Videntes o «canales» (channelling) más o menos inspirados, que predican la paz sobre la tierra, al tiempo que esgrimen el espectro de un cataclismo espantoso, son a menudo la «fuente» misma del caos planetario, que intentan, sin embargo, evitar.

Ahora bien, actualmente y quizá por poco tiempo más, somos los dueños de nuestras aperturas del tiempo. Pronto, éstas se van a abrir de par en par, vertiendo el aluvión de aquéllos que exploran nuestros futuros potenciales. ¿Cómo pensar que esta invasión pueda traer la paz a la Tierra si no cambiamos rápidamente nuestros proyectos?

¿Pero, por qué cambiar nuestras ideas si ni siquiera sabemos cómo recibir y compartir las informaciones de nuestros dobles, pues, sólo ellos, conocen nuestros verdaderos deseos?

Sin este compartir de conocimientos, nuestra supervivencia será imposible en los próximos años. La era de acuario que finaliza el desdoblamiento de los tiempos prodiga cada vez un soplo de inmortalidad sobre nuestras cabezas para que podamos rehacer nuestra unidad.

III.8

DOS ZAMBULLIDAS EN LAS APERTURAS TEMPORALES

Jean-Pierre Garnier Malet

Hace más de quince años

Hace más de quince años, abriendo sin querer las puertas del tiempo, descubrí la teoría del desdoblamiento. En sólo un cuarto de hora comprendí los pormenores y los resultados de la misma. Algunos me hablaron de visión, otros de estado de conciencia modificada.

Pienso que el tiempo se paró de repente para hacerme ver, entender, escuchar, sentir, analizar y comprender una Ley Universal muy conocida por antiguas civilizaciones.

En un cuarto de hora recibí informaciones milenarias que nuestros antepasados habían resumido muy bien al hablar del principio del alfa y del omega.

¡Un principio Creador genial!

Lo puedo decir sin pretensión alguna pues no soy el autor sino el escriba. Lo único que he hecho ha sido utilizar mis conocimientos como científico para poner en pie, con un formulismo actual, las informaciones científicas que un curioso visitante de otro mundo y de otro tiempo vino a revelarme. A decir verdad, no lo conseguí inmediatamente.

Me agobiaba en ecuaciones interminables.

¡Es difícil utilizar un cálculo clásico con un tiempo que no lo es para nada! Este último me escondía su propiedad fundamental porque creyéndolo universal, nuestra ciencia lo había reducido en mi cabeza a una dimensión.

Yo no pensaba que era posible vivir en tres tiempos diferentes a la vez.

Por suerte, mi mujer vino en mi ayuda de una manera muy curiosa. Una mañana se despertó con una frase única en la cabeza:

«πR dos igual a cuatro πR».

No siendo ella matemática, pensó que ese sueño me estaba destinado. Lo siguiente le dio la razón probándonos que un mundo imperceptible transmitía informaciones capitales durante nuestro sueño. En efecto, de esta manera había "recibido" la ecuación del desdoblamiento bajo la forma antigua[1] y, sin duda, más fundamental: Ora=arO (o en griego $\Omega\rho\alpha = \alpha\rho\Omega$).

¡Imposible ver en esto una casualidad!

En griego, arO ($\alpha\rho\Omega$) significa crecer en el futuro y lo contrario Ora (⬚⬚⬚), la división del tiempo. En hebreo encontraréis «aOr» que representa la luz creadora, en egipcio el dios Ra (el Sol) que unía al pueblo con el ojo solar, fuente de vida.

La relación Ora=arO ($\Omega\rho\alpha = \alpha\rho\Omega$) que en nuestros días, aparentemente no tiene ningún significado preciso matemático y físico, nos enseña que en la antigua Grecia, el fraccionamiento o división del tiempo dirigía la vida de manera totalmente científica, como en la época de los Egipcios, antes de que el oscurantismo de los últimos faraones hiciera retroceder a la humanidad.

---

1. Recordatorio: Ora ($\Omega\rho\alpha$) significa la división del tiempo y arO ($\alpha\rho\Omega$), crecer en el futuro. Ver publicaciones científicas: la ecuación del desdoblamiento $(\kappa\pi R^2)+ = (4\kappa\pi R\rho)-$ puede escribirse de diferente manera con los círculos Ω y bajo la forma: $\Omega\rho\alpha = \alpha\rho\Omega$ ..

Al final del tiempo de nuestro desdoblamiento, necesitamos instrucciones de nuestro pasado para sobrevivir pues el futuro que hemos construido vendrá a perturbarnos. Es, pues, lógico recibir informaciones saludables.

En este mismo momento, un enviado del Creador explora el futuro para guiarnos. Él conoce la ley de Oura ($\Omega\rho\alpha$). Él mismo es el enviado (èl, élohim o elos) de esta ley, dicho de otra manera Oura-èl.

Con su coche escoba que recoge a los rezagados en las tinieblas, Ouriel es por tradición, el ángel procedente de los tártaros infernales. Desdoblado del Creador, recupera las energías perdidas en las aperturas temporales más lejanas en el momento en que el Apocalipsis abre nuestras siete esclusas del tiempo.

Tendrá que venir a buscarnos. A nosotros nos toca estar preparados.

¿Sería pretencioso decir que para mí el tiempo se volvió un Tiempo muy precioso el día en que esta criatura excepcional me desveló la ley del desdoblamiento, permitiendo explicar el universo, las fuerzas en juego y la necesidad de un jefe de orquesta, su Maestro Absoluto?

Entre el Ser indivisible (Creador) que siempre es el mismo y el ser divisible (Doble) que se hace cuerpo, hizo con la mezcla de los dos una tercera clase de Ser (Criatura).

Platón (Timeo/Critias)

CONCLUSIÓN

Buscar un equilibrio personal es imposible sin el conocimiento de nuestro desdoblamiento y del objetivo de nuestra encarnación. Rigurosamente demostrado, publicado y comprobado, la teoría científica que explica los diversos tiempos que habitan el universo, os puede sacar de un esoterismo estéril que, con ayuda de un racionalismo o de un dogmatismo con anteojeras, os ha ahogado desde hace dos mil años bajo «olas rompientes» de superstición y de paranormal.

Por poco tiempo más, somos todavía dueños de nuestro futuro y de las puertas del tiempo.

¡Aprovechémoslo!

Nos hemos desdoblado para explorar un espacio peligroso que, poco a poco, en ciento ochenta años, cerraba sus doce puertas planetarias, separando de esta manera durante veinticinco mil años los siete tiempos necesarios a la diferenciación vital del pasado, presente y futuro. Esto no es ninguna suposición es una realidad que se explica de manera muy rigurosa.

Desde entonces, separados del Creador —cuya existencia y unicidad son una obligación de espacio y tiempo— hemos construido futuros potenciales peligrosos que debemos suprimir. Viviendo en colectividad, siempre somos responsables de las desgracias de aquéllos que actualizan esos potenciales para vivir o sobrevivir. Esta responsabilidad es un grillete a nuestros pies. Puede impedirnos nuestra reunificación al «final de los tiempos del desdoblamiento» cuya fecha puede variar entre mañana y una fecha tope totalmente teórica y probablemente ya no real teniendo en cuenta la actividad solar y magnética actual.

Nuestra encarnación en la tierra tiene como único objetivo permitir a nuestro «doble» arreglar los futuros que hemos perturbado. Le servimos de trampolín hacia el futuro que deberíamos construir según sus consejos. Dejándole dar escobazos diariamente en nuestros potenciales por venir, aplazaríamos ese final que podría entonces aportar sus ventajas, alejando los previsibles caos. El Apocalipsis volvería a encontrar su sentido etimológico de descubrimiento maravilloso de lo escondido. El aumento de los océanos, el recalentamiento planetario, los cambios climáticos y tantos otros cataclismos que pensamos, erróneamente, naturales, se atenuarían poco a poco. El planeta sólo actualizaría futuros buenos para todos.

Jesús el inmortal

Ahora bien, ignorantes de nuestro pasado, fabricamos posibilidades futuras sin relación con ese otro «yo» que nuestros antepasados llamaban doble, Anguellos o gemelo, sabiendo perfectamente que su rol era el de ser nuestro «mensajero del tiempo» y no ese ángel destrozado por un esoterismo mal entendido. En vez de dejarle arreglar nuestros problemas en nuestras aperturas temporales, le añadimos otros, modificando así nuestra conciencia y olvidando, de ese modo, nuestras decisiones iniciales comunes. No escuchándole le destruimos, destrozando la imagen que el Creador quería de nosotros en el futuro. ¿Cómo podríamos recuperar nuestra unidad?

Huiremos de esa parte de nosotros si ya no podemos reconocerla. La luz de su tiempo ralentizado nos empujará hacia las tinieblas del futuro, allí en donde nuestra vida terrestre ha creado una realidad acelerada correspondiente a nuestros deseos más profundos pero totalmente inútiles para nuestro doble. Como este último «es», «era» y «estará» siempre unido a nosotros, nos seguirá en cuanto empiece un nuevo ciclo de desdoblamiento. Le encerraremos con nosotros durante veinticinco mil años lejos del Creador en el espacio en donde se volverá una energía perdida, un ángel caído, una criatura mortal como aquéllas que parasitan actualmente nuestro mundo y nos arrastran al caos.

Ésta era nuestra situación al principio de nuestra era, antes que Jesús, criatura como nosotros y no Creador, viniera a sacar a nuestros dobles de esos infiernos oscuros para volverles a traer a su sitio en el futuro del Creador, al lado del suyo, el conocido «Paráclito». Al no explicar de manera lógica esta verdadera redención, los cristianos han transformado un principio científico comprensible por todos, en un dogma inexplicable. La fe que era certeza se ha transformado en un misterio divino. Durante el concilio de Nicea, Jesús, más de tres siglos después de su muerte, se hizo Dios, Padre, Hijo y Espíritu Santo, cuando sólo era una criatura, beneficiándose de su posición de inmortal en el pasado de su doble.

La certeza se vuelve fe cuando la verdad se esconde en un dogmatismo estéril permitiendo así a los todopoderosos de aquí y de allí mantenernos encorvados bajo el peso de su iniquidad.

Esta certeza permitía afirmar, al principio de nuestra era, realidades rigurosamente científicas que no habían sido todavía desnaturalizadas por una jerarquía político-religiosa, algo corrompida, y por ello, poco digna de fe.

Quien guarda mi palabra —decía Jesús— jamás probará la muerte[1].

---

1. Evangelio de San Juan: VIII-52.

Esta muerte sólo tiene que ver con nuestro doble. Jesús puede tener las palabras de vida eterna pues, como toda criatura unida por los intercambios de informaciones permanentes con el Creador, sabe lo que hay que hacer para recobrar nuestro lugar de inmortales.

La víspera de su muerte, Jesús hacía entrever que existían otros tiempos y otros mundos habitables, sin que nadie pensara en contradecir tal certeza admitida desde la noche de los tiempos[2]:

En la casa de mi Padre hay muchas habitaciones, voy a prepararles un lugar.

Nuestra reunificación nos lleva a otros espacios durante los 1080 años de transición entre ciclos de desdoblamiento.

Es una ley física, no una utopía esotérica.

Es necesario un guía

Durante esta nueva exploración del espacio, es necesario tener un guía para volver a encontrar los instintos de supervivencia de nuestro cuerpo y las intuiciones vitales de nuestro espíritu.

Nos permite volver a llenar nuestra mochila de exploradores, abandonando lo inútil para volver a poner dentro lo estrictamente necesario[3]:

... y los que no habían adorado a la bestia ni a su imagen (en el futuro), vivieron y reinaron con Cristo mil años. Ésta es la primera resurrección.

Tras la lectura de este libro, podéis ahora entender, que no hay aquí ninguna leyenda, ningún dogma, ni un mínimo secreto esoté-

---

2. Evangelio de San Juan: XIV-2.
3. Apocalipsis de San Juan: XX-4 y 5.

rico, sino una verdad científica rigurosa, irrefutable, y sobre todo, accesible a todos.

Nuestra época acaba de abrir los pasillos de informaciones universales. Es pues igual de fácil desequilibrarse que encontrar la paz y la tranquilidad. Actualizamos demasiados futuros peligrosos y el planeta lo manifiesta a su vez. Si cambiamos nuestros deseos y nuestro comportamiento, cambiamos nuestro futuro beneficiándonos así de otros potenciales que estabilizarán nuestro mundo. Evitando de esta manera graves cataclismos, aplazaremos la fecha del final de los tiempos que, teniendo en cuenta los parámetros solares o magnéticos, parece acercarse de forma peligrosa.

Es, sin embargo, inútil meter miedo y atraer hacia sí el pavor. Hemos creado el desorden. Dejemos que nuestros dobles vuelvan a poner orden ¡aunque sólo sea para sobrevivir en los próximos años! Antes del final de los siete tiempos, seguimos siendo los dueños de nuestras aperturas temporales y de nuestro porvenir.

Extraterrestres, criaturas de las tinieblas, no son de momento más que apelaciones de las cuales subestimamos la importancia y el peligro. Nuestro objetivo debería ser el de atraer hacia la Tierra futuros potenciales compatibles con el pasado de nuestro doble. Ahora bien, esto no es difícil, pues basta con acostarse y saber dormirse. Así recuperamos nuestros propios pensamientos y vivimos en función de nuestros deseos iniciales.

Encontrar las preguntas que eran nuestras antes de nacer es más importante que resolver problemas sin interés para nuestro doble. Encontrar el equilibrio consiste en hacer compatible el futuro más lejano con el pasado más lejano siendo, como decían nuestros antepasados, el centro mu (mésos o mesías) entre el alfa y el omega de nuestro desdoblamiento. Jesús intentó esta proeza al principio de nuestra era. Nos anunció su retorno y, para probarnos que conocía la ley de los tiempos, resucitó un cuerpo al tercer día y durante cuarenta días.

Para que pueda regresar, hace falta que un doble esté en relación con el suyo. Esto quiere decir que uno de nosotros debe estar en armonía de pensamiento con todos aquéllos que, como él y tantos otros profetas, Buda, Lao-Tse, Zoroastro, Mahoma y otros menos conocidos, nos han dejado el mismo mensaje. Éste es de sencillez evangélica: «¡No pienses en hacer al prójimo lo que no quisieras que él pensara en hacerte a ti!» Es la única manera de hacer que todos nuestros futuros potenciales sean buenos y utilizables por la colectividad.

Sin embargo, renunciando a toda racionalidad, prefiriendo el esoterismo paranormal a la normalidad científica, la humanidad se une a los futuros peligrosos, dejando así de lado su pasado tranquilizador.

Es urgente dar marcha atrás antes de que el final de los tiempos haga incontrolables nuestras aperturas temporales pues la puerta del futuro se abre antes que la del pasado. Padeceremos los problemas que hemos creado antes de tener una solución. Es mejor no crear nada que no sea compatible con las posibilidades de nuestros "dobles". Sólo ellos podrán abrirnos la puerta del Creador.

Es ilusorio buscar un equilibrio planetario sin buscar el suyo propio. Encontrar ese equilibrio sin conocer la ley física del desdoblamiento lo es todavía más.

Explicando el principio vital relacionado con el pasado y el futuro, este libro tiene como objetivo principal ayudaros a solucionar vuestros problemas sin responsabilizar a nadie que no sea vosotros mismos. A vosotros corresponde decir si hemos logrado nuestro objetivo, pero por favor, sólo después de haber olvidado lo que pensabais saber y de haber puesto en práctica durante cuarenta días ¡lo que os ha enseñado!

IV
ANEXOS

ANEXO 0

El griego y la teoría del desdoblamiento (el *Alfa* y el *Omega*).

El alfabeto griego antiguo se componía de veintisiete letras que servían también para contar (por ej.: Alfa = α se volvía $\alpha' = 1$).

Tres letras griegas han desaparecido: El epishemon (o digamma), koppa y sampi:

Alfa	1	Iota	10	Ro	100
Beta	2	Kappa	20	Sigma	200
Gamma	3	Lambda	30	Tau	300
Delta	4	My	40	Ípsilon	400
Épsilon	5	Ny	50	Fi	500
Epishemon	6	Xi	60	Ji	600
Dseta	7	Ómicron	70	Psi	700
Eta	8	Pi	80	Omega	800
Theta	9	Koppa	90	Sampi	900

Podemos considerar que el movimiento de desdoblamiento (imagen inferior) separa una partícula Alfa α en dos: una partícula radial que atraviesa un horizonte circular O de radio R y una partícula tangencial que lo rodea.

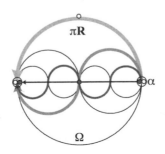

Los posibles caminos indicados en la figura anterior son todos curvilíneos y de misma longitud:

$$\pi R \text{ o } \pi = 3{,}14159\dots$$

Es lo mismo para el diámetro constituido por una sucesión de círculos de radio infinitamente pequeños:

$$\pi R = 2\pi R/2 = 4\pi R/4 = 8\pi R/8 = \dots = \pi R$$

Para que el trayecto de las partículas desdobladas sea idéntico, las partículas nunca deben de llevar a cabo una trayectoria rectilínea. Señalemos que esta consecuencia del movimiento fundamental se constata perfectamente en la física de las partículas. Una trayectoria puede manifestarse rectilínea para un observador cuando su percepción del movimiento está limitado en lo infinitamente pequeño. En lo infinitamente grande, este movimiento curvilíneo se percibe muy bien (Ej.: movimiento de la tierra sobre sí misma y alrededor del Sol).

Ese movimiento tiene pues en consideración una partícula (alfa minúscula) unida a un horizonte (omega minúscula). Ahora bien, un horizonte también es partícula (Omega mayúscula) unido a otro horizonte (Alfa mayúscula):

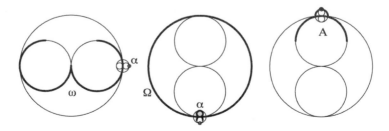

Es de esta manera que se declina de manera dinámica todo el alfabeto de mayúsculas y minúsculas o minúsculas y mayúsculas. Esto da: 4 x 27 = 9 x 12 = 108 posibilidades.

El ro ρ (o *r* griego) juega un rol especial. Es la unión entre un alfa y un omega y corresponde también a una aceleración del movimiento de desdoblamiento de 1 a 100, es decir de (α = 1) a (ρ = 100).

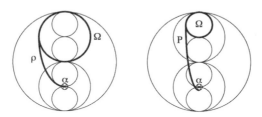

Ahora bien, la partícula «a» en el horizonte «O_0» efectúa ocho movimientos radiales durante el desplazamiento radial del horizonte (considerado como partícula) de O_0 a O_1 en su propio horizonte. Este desplazamiento corresponde a uno de los ocho movimientos radiales de la partícula:

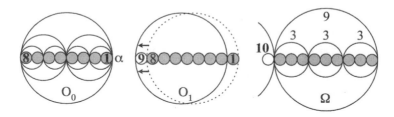

Así pues, la partícula radial sale de su horizonte cuando ha recorrido nueve veces su dimensión, el décimo movimiento radial es entonces el primero en un segundo horizonte radial.

El movimiento sigue adelante para el horizonte Ω considerado a su vez como partícula radial de su propio horizonte:

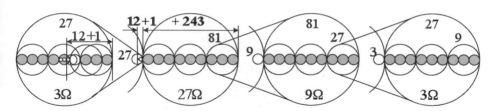

Obtenemos así 12+1 movimientos radiales añadidos de la partícula inicial a después de sus 243 primeros movimientos radiales en
el horizonte 27Ω, o sea 256.

Hay que señalar que:

$$243 = 3x3x3x3x3 \qquad = 3^5$$
$$256 = 2x2x2x2x2x2x2x2 \quad = 2^8$$

Esta particularidad permite yuxtaponer dos movimientos diferentes: el que permite dilatar la partícula (x2) y aquél que tiene en cuenta
el desplazamiento de su horizonte (x3).

*Con la ayuda del intervalo de 1+1/8, ha llenado todos los inter-
valos, subsistiendo de cada uno de ellos una fracción tal que el
intervalo fue definido por la relación 243/256.*

¿No es extraño leer esta frase perfectamente científica en Platón
(Timeo/Critias)?

La sencillez de la representación esquemática del movimiento no
debe esconder su complejidad pues el plano, en dónde son represen-
tados los movimientos radiales o tangenciales (figuras superiores),
está él mismo en un movimiento de desdoblamiento. La figura lateral
muestra claramente la dificultad en seguir una partícula y un horizonte desdoblados en un espacio en desdoblamiento, puesto que el
horizonte más grande está él mismo en movimiento.

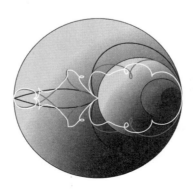

Lo interesante del alfabeto griego es que es una excelente pedagogía para recordar lo esencial. Ninguna palabra griega antigua
escapa a la comprensión de ese movimiento fundamental. Así es
como observamos un espacio Hρα, uniendo dos espacios Ωρα.

En cuanto al espacio αρη o αιρω, éste empuja, arrastra, levanta
el horizonte Ω, de ahí el sentido de esas palabras.

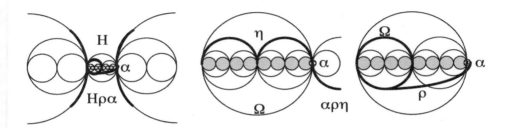

Podemos decir que todas las palabras griegas están dirigidas por
el movimiento de desdoblamiento y que la sola y única numerología
válida tiene que ver con este idioma del que probablemente han
derivado todos los demás.

ANEXO I

La velocidad de la información al servicio de nuestro desdoblamiento

Alcanzar la velocidad de la luz para ralentizar ligeramente el tiempo parece imposible. Pensáis que no tenéis los medios para poner en marcha un viaje semejante. Sin embargo, todas las propiedades físicas universales son utilizadas por los seres vivos. ¿Sería ésta una excepción? Claro que no. Nuestro cuerpo ondulatorio o energético va «más allá» de esta velocidad límite que no permite acceder a lo que llamamos sencillamente «el más allá» de nuestra observación y de nuestra percepción.

Nuestro universo da la sensación de infinidad pues la luz que nos permite percibir sus límites observables tarda casi catorce mil millones de años en llegar a nosotros, a casi 300.000 Km/s. La velocidad de la información va mucho más rápida. Experimentos recientes[1] permiten pensar que esta velocidad es infinita. En realidad, la teoría del desdoblamiento permite calcularla muy exactamente[2]: es igual a 857 mil millones de Km/s, lo que puede parecer infinito para un experimentador en laboratorio que no dispone de aparatos suficientemente precisos.

A esta gran velocidad, una información procedente de los límites de nuestro universo nos llega en 85 años. Una vida terrestre de por lo menos ese tiempo nos permitiría tener acceso a las respuestas universales para cada una de nuestras preguntas.

Esta velocidad muy superior a la velocidad de la luz no puede ser observada en nuestro universo puesto que ésta corresponde a

---

1. Experimentos de A.Suarez, 2002, confirmando las de A. Aspect 1982 y de N.Gisin, 1998.

2. Ver publicaciones: $C^2 = 7C^1 = 10^5 (7^3/12) C_0$, con C_0 = velocidad de la luz.

190 Cambia tu futuro ¡por las aperturas temporales!

la percepción de nuestro tiempo presente. Todo lo que va más rápido hace parte de otro tiempo, pasado o futuro, no observable según definición del desdoblamiento.

Esta ley nos enseña que el final de nuestro desdoblamiento nos dará las informaciones del universo con la velocidad máxima. Las estrellas se mantendrán en su lugar pero la percepción más rápida de su luz cambiará nuestra visión, parecerá que se aproximan.

«Y las estrellas caerán del cielo[3]», nos dicen los evangelios como signo del final de los tiempos.

Nuestro universo dará la sensación de contraerse sin por ello cambiar de lugar; «porque las potencias de los cielos serán conmovidas.»[4]

¿No son estas informaciones totalmente científicas?

---

3. Evangelio de San Marcos: XII-25.
4. Evangelio de San Lucas: XXI-26 y 27.

ANEXO II

El ciclo de desdoblamiento de nuestra estrella

Como nosotros, las estrellas son sistemas dobles que permiten cambiar las velocidades del tiempo. Seis aceleraciones separan siete tiempos diferentes, pasando de la luz del pasado a las tinieblas del futuro. Resultante de la ley del desdoblamiento, llamada del alfa y del omega, la astrología original era la astronomía al servicio de la vida.

Para pasar de cero a cien por hora, el conductor de un coche usa el cambio de velocidades. De la misma forma, para pasar del pasado al futuro, la teoría del desdoblamiento —y nuestro sistema solar que le obedece— impone seis cambios de velocidades del tiempo. El pasado vive en punto muerto, digamos en el primer tiempo. Pasa las tres primeras velocidades para llegar al cuarto tiempo. Ahí, el presente pasa otras tres velocidades para llegar al séptimo tiempo del futuro.

Tiempo 1:	Pasado	tiempo ralentizado	↓
Tiempo 2			
Tiempo 3			seis aceleraciones
Tiempo 4:	Presente	nuestro tiempo	del
Tiempo 5			tiempo
Tiempo 6			
Tiempo 7:	Futuro	tiempo acelerado	↓

Los siete tiempos del desdoblamiento

La aceleración de los tiempos atenúa las vibraciones luminosas.

Tras cada cambio de velocidad, la luz se separa un poco más de las tinieblas y la apertura temporal del séptimo tiempo se vuelve imperceptible, fuera de los intercambios de informaciones.

«Dios concluyó al sexto día toda su creación y al séptimo, viendo que su obra era buena, decidió descansar», nos cuenta la Biblia, al tiempo que nos precisa «y hubo tarde y hubo mañana».

El motor solar tarda casi doce mil doscientos cincuenta años para separar el pasado luminoso del futuro oscuro, según un espectro cuyos colores se pueden ver en el arco iris, tanto en nuestros días como en los tiempos más remotos: no hay ninguna necesidad de aparatos, el ojo basta. Luego, ralentiza durante el mismo periodo para poder reequilibrar los diferentes tiempos y volverse a poner en punto muerto.

Entonces llega el final de los siete tiempos necesarios al desdoblamiento, o, como decían nuestros antepasados, con todo conocimiento de causa, el «final de los tiempos».

Un motor tarda un cierto tiempo para alcanzar su velocidad de crucero y no se para inmediatamente. Ocurre lo mismo con la separación del tiempo en las aperturas temporales. Nuestro sistema solar hace las veces de un estroboscopio que, utilizado en las discotecas, alterna luz y oscuridad. Con doce alternancias principales formando «seis días y seis noches», alumbra nuestra pista de baile solar durante veinticinco mil años.

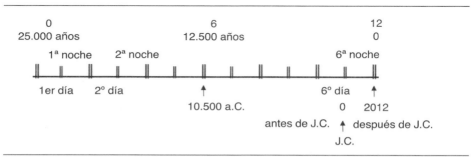

Los doce períodos de nuestro ciclo de desdoblamiento.

Esto corresponde al conocido ciclo de precesión de los equinoccios de 25.920 años que se termina actualmente.

¡Imaginaros la Tierra colgando de un hilo! Gira en el sistema solar como un reloj de pared. Una vuelta dura 24.840 años. El reloj solar en la galaxia añade 1080 años.

El ciclo de desdoblamiento se termina cada 24.840 años.

Los siete tiempos se equilibran de nuevo en seis periodos de 30 años. Sigue a esto un periodo de transición de 1080 años. Conocido por nuestros antepasados, el «final de los tiempos» termina nuestro desdoblamiento. Percibiendo a la vez nuestros futuros potenciales y nuestras preguntas del pasado, descubrimos lo que nos ocultaba la separación de los tiempos.

Este descubrimiento de lo escondido se llamaba en griego apocalypsos. Ocurre después de cien vueltas de Plutón alrededor del Sol que dura cada una 248,4 años.

Vivimos sin saberlo, los seis periodos de nuestro Apocalipsis. En efecto, la teoría permitió prever una explosión solar de envergadura el 13 de marzo de 1989 que debía de marcar el final de los tres primeros periodos de treinta años. Tuvo lugar. Su fuerza fue inmensa, la tormenta geomagnética también.

¡Imaginaos un temblor de tierra! Sabemos que el temblor es fuerte cuando llega a 8 grados en la escala de Richter. Si quisiéramos comparar la sacudida de nuestra estrella con un seísmo terrestre, habría que considerar el grado cien en esa misma escala. La fuerza de esa explosión sobrepasaba todo lo imaginable. Canadá se quedó sin electricidad durante veinticuatro horas, las comunicaciones y transportes aéreos se vieron perturbados. Digamos sin embargo que este fenómeno es normal pues equilibra los tres tiempos que nos separan del futuro.

Observado metódicamente desde 1868, nuestro sol revela tres explosiones anteriores notables, a saber: 1899, 1929 y 1959. Desde 1989 nos encontrábamos en los tres últimos periodos cuya duración ya no se puede calcular. Ahora bien, en agosto del 2003, una explosión solar abrió el penúltimo periodo. Dos replicas en noviembre del

2003 demuestran una aceleración fulminante de este final. Desde 1989, vivimos en las aperturas temporales del pasado, y por ello, no somos dueños de ese tiempo ralentizado y no podemos pues prever la fecha final.

Fechas teóricas:	1899 – 1929 – 1959 – 1989 – 2019 – 2049 – 2079
Fechas observadas:	1899 – 1929 – 1959 – 1989 – 2003
Fechas todavía posibles:	2033 – 2063
Fechas probables:	2008 – 2012

Las siete aperturas (sellos) del Apocalipsis.

Ya hemos perdido 16 años con relación a la fecha teórica. El final de los siete tiempos puede pues ocurrir tanto mañana como en el 2063, fecha tope actual de los seis periodos. Según la actividad solar, parece que la séptima y última apertura pueda tener lugar muy pronto y sin duda alrededor del 2012.

Durante el día bíblico de 2 070 años, los tiempos se acercan, las informaciones entre el pasado y el futuro son más fáciles. Tras un crepúsculo de 90 años, la «noche» los separa, haciendo difíciles esos mismos intercambios y menos eficaces las intuiciones.

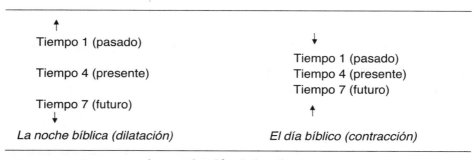

La respiración de los tiempos.

Conocedores de esta «respiración» en doce ciclos de 2160 años, los Egipcios hablaban de la serpiente de los tiempos.

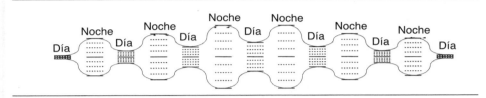

La serpiente de los tiempos.

Teniendo un mayor conocimiento del pasado y del futuro, el «día» aporta muchas más intuiciones. La noche nos aísla de nuestro doble y de sus sugerencias vivificantes. Los peligros se vuelven enormes, las tinieblas son mucho más eficientes, el «parasitage» es tan violento que el «príncipe de nuestro mundo» se vuelve aquél de nuestros futuros peligrosos y a menudo, infernales.

El final actual de ese ciclo, o final de los tiempos, nos da infinitas posibilidades intuitivas e instintivas. Por eso, hoy en día es fácil equilibrarse o desequilibrarse.

Los faraones conocían esa respiración en doce tiempos y la representaban bajo la forma de una cuerda o de una serpiente.

Las 12 Puertas.

El *Libro de las Doce Puertas* se descifra muy fácilmente con la teoría del desdoblamiento que borra las interpretaciones esotéricas sin interés y nos libera del oscurantismo de los últimos siglos.

Evidentemente, en aquella época sabían definir en los astros las seis aceleraciones. La astrología era más exacta que nuestra astronomía que todavía ignora los meandros de la ley del desdoblamiento de los tiempos. En efecto, una estrella utiliza seis espacios dobles que van de la piedra a la nube pasando o no por astros que poseen o no satélites.

La nuestra no escapa a esta regla:

1. Sol (Plutón) – 2. Mercurio (Neptuno) – 3. Venus (Urano)
4. Tierra (Saturno)
5. Marte (Júpiter) – 6. Asteroides (Cinturón de Kuipper) – 7. Nube de Oort

Estos seis espacios dobles son los seis piñones de la caja de cambios de nuestros siete tiempos definidos por la teoría del desdoblamiento.

Todas las estrellas pueden tener planetas, o como se dice en física, puntos de paso obligatorios para las partículas que liberan o que atraen. Asociadas de dos en dos, hacen falta doce que se organizan cada una según la misma ley. La potencia y la tecnología actual de nuestros telescopios han permitido confirmar lo que se imponía con la teoría del desdoblamiento.

En los años sesenta, los astrofísicos pensaban que 15% de las estrellas de nuestra galaxia eran dobles. Veían excepciones extrañas. Ahora, ese porcentaje de 87% sobre doscientos mil millones de estrellas con las que cuenta nuestra galaxia, sigue extrañando a la mayoría de los científicos.

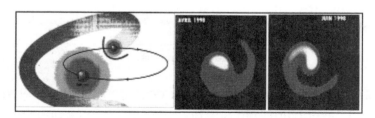

Una estrella doble y el movimiento de desdoblamiento.

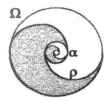

$\Omega\rho\alpha$ = Oura

Llamada antiguamente principio del alfa y del omega, el movimiento de desdoblamiento une el horizonte Ω y la partícula α por el vínculo ρ. No se trata de una casualidad si en griego $\Omega\rho\alpha$ significa la división del tiempo.

| Una galaxia doble | Una supernova (estrella al final del ciclo) |

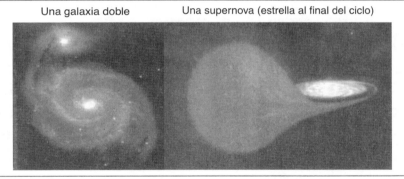

Respiración Universal.

En realidad, todos los espacios son dobles sin ser idénticos. Cada uno respira según un movimiento de desdoblamiento.

De la bacteria al universo, pasando por una estrella como la nuestra, todo está hecho a la imagen de esta respiración universal que transforma un horizonte de información Ω en pequeño núcleo α de un nuevo horizonte con un movimiento doble conocido en Oriente con el nombre «yin y yang».

Los planetas son sólo núcleos en envolturas que, a su vez, se vuelven núcleos en su envoltura. Como los tiempos, los espacios se encajan siete veces.

Ese encaje crea un efecto sorprendente. ¡Pongamos un ejemplo sencillo! Si le dais una patada a un balón, más o menos sabéis cual será su reacción, sobretodo si sois futbolistas. ¡Poned una pequeñísima canica de acero en su interior!

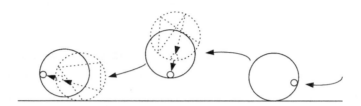

El balón cambia de trayectoria y al final de su trayectoria, avanza dando saltos imprevisibles que son el resultado de la carrera de la canica en el interior del gran balón.

Nuestros planetas son canicas dentro de balones imperceptibles, ellos mismos canicas dentro de su propio balón. Cruzándose, chocándose, encajándose, disociándose, estos balones forman los piñones de la caja de cambios de nuestros siete tiempos. Para aquél que conoce la regla del juego, los movimientos perceptibles de las pequeñas canicas planetarias permiten seguir los movimientos imperceptibles de sus envoltorios.

Observándolos podemos calcular la duración y el momento de las aperturas temporales que regulan nuestra vida. Sin el conocimiento de los envoltorios, es difícil entender el mecanismo de las doce puertas planetarias y de su cerrojo.

En la mitología griega, el espacio fecundo está dirigido por Hera que abre los doce cerrojos del tiempo. En griego, cerrojo se dice cleis, y Hera-cleis o Hércules era pues aquél que podía abrir los doce cerrojos gracias a doce trabajos mandados por la diosa Hera. El universo posee esas doce puertas y por eso tiene una configuración dodecaédrica que todavía no ha llamado la atención a la astrofísica a pesar de descubrimientos recientes acerca de la irradiación fósil del big bang. Es difícil entender un tiempo espacial cuando ya nos cuesta imaginar un espacio temporal.

Nuestros antepasados hablaban de «los siete tiempos» y de los doce espacios al servicio de la vida (zoi-diáconos o zodiaco) disponibles en nuestra vida para equilibrar lo mejor posible nuestro tiempo. Sabían que esa diferenciación era periódica, relacionada con los astros. Sin necesidad de observarlos, conocían el sol y sus planetas formando los siete tiempos o nudos planetarios. Sus tablas astrológicas definían seis aceleraciones del tiempo separando seis espacios dobles planetarios unidos por doce puertas.

Algunos astrólogos de hoy en día deducen, erróneamente, que conocían siete astros visibles al ojo que les permitían entender la vida, es decir, el Sol, Mercurio, Venus, la Tierra, la Luna, Marte y Júpiter. Es nuestra astrología moderna la que ya no entiende los siete encajes del tiempo.

Sabemos, y tenemos pruebas, que Michel de Nostradamus (1503-1556) poseía tablas astrológicas que incluían a Neptuno y Plutón. Sin embargo nuestra ciencia ha descubierto estos planetas recientemente: ¡Neptuno en 1846 y Plutón en 1930!

Aquél que conoce las asociaciones de los doce balones planetarios no ignora las canicas aunque no pueda observarlas.

Sin observación directa para sostener su teoría, los astrólogos del siglo XVI sabían que seis espacios dobles separando siete tiempos, permitían el desdoblamiento. Renunciando a admitir el futuro y el pasado en el espejo de nuestro presente, la astrofísica actual ignora fenómenos que la astrología ya explicaba antiguamente.

Kepler, primer gran astrofísico (1571-1630) fue un astrólogo reconocido en todas las grandes cortes europeas. Su notoriedad estaba a la altura de sus previsiones y de sus honorarios. Si saliera de su tumba no entendería el desdén actual de nuestra ciencia cara a la astrología.

Nuestra encarnación nos separa de nuestro doble (antiguamente el ascendente) utilizando dos de los doce espacios zodiacales, uno en nuestra fecundación, el otro en nuestro nacimiento. Estos dos signos astrológicos definen nuestro potencial de vida sobre la Tierra en función con nuestra posición en el río del tiempo cuyo fluir en un sistema solar es el de un canal que posee doce corrientes separadas por esclusas planetarias.

Civilizaciones antiguas habían establecido un calendario de las aperturas y cierres temporales de estas esclusas. Había las grandes aperturas de las grandes puertas del tiempo, las aperturas medianas de las puertas medianas, las pequeñas aperturas de las puertas pequeñas. Cada esclusa está ella misma compartimentada en esclusas más pequeñas.

Así pues, lo habían estudiado todo, desde el gran portal luminoso del pasado, al minúsculo agujero negro del futuro, estableciendo tablas astrológicas precisas y, sobre todo, perfectamente científicas. El conjunto estaba caracterizado por doce grandes aperturas (cada 2 070 años), señalado por doce constelaciones de estrellas en la orbita terrestre: Escorpio, Capricornio, etc.

Era impensable organizar su vida sin echar mano de estas tablas. Se debían interpretar lo mejor posible. Hijo de Zeus, Apolo enseñó a su hermano Hermes el arte de la adivinación pues era la ciencia de los dioses, aquella que permite tener acceso a la inmortalidad. Ninguna civilización se hubiera atrevido a renunciar a la clarividencia puesto que las predicciones o augurios tenían como fundamento una ley científica rigurosa.

El caduceo, símbolo de clarividencia de Hermes —y, sobre todo, esquema del movimiento de desdoblamiento— estaba coronado por el espejo de la prudencia que permite asociar el futuro con el pasado. Este último es indispensable. ¿Para qué buscar la respuesta a una pregunta que nunca hemos querido hacernos?

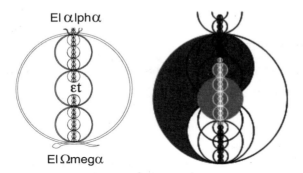

El Caduceo y la metamorfosis del escarabajo egipcio.

El escarabajo egipcio, símbolo de la metamorfosis, también proviene del movimiento de desdoblamiento en el que cada balón es
a su vez canica en un balón y en dónde cada canica es el balón de
una canica.

Conocer el laberinto del tiempo nos permite interesarnos por el futuro que tiene que ver con nosotros, pudiendo recobrar nuestras ideas
primeras, nuestro signo zodiacal y lo que conlleva. Adivinar el futuro
es importante si no nos olvidamos que son sólo «potenciales». La
videncia es pues una propiedad científica relacionada con los tiempos
que habría que conocer antes de utilizarla. Prever los peligros antes
de suprimirlos modificando esos proyectos inmediatos, nos permite
vivir bien. ¿Es éste el caso de aquéllos que nos predicen dramas
para introducirlos mejor en nuestras vidas? Hoy en día, nadie iría a
ver a un vidente que se contentaría con prever peligros con el fin de
poder evitarlos. ¿Cómo creer en aquél que prevé acontecimientos
graves que nunca ocurren?

Una representación dinámica del balón con una pequeña canica
dentro permite entender los dos movimientos que nuestros antepasados consideraban como dos espirales entrelazadas, masculina y
femenina:

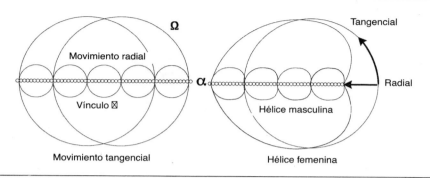

La canica dentro del balón.

Con un objetivo probablemente pedagógico, este movimiento fundamental se había vuelto el tercer ojo entre los dos ojos de Horus que podía ser comparado con la cabeza de un halcón. Algunas esculturas de cabezas sumerias evocan así mismo esta forma geométrica.

En cuanto a la Biblia, nos habla de la serpiente tentadora dentro de la manzana, fruto prohibido en el Génesis:

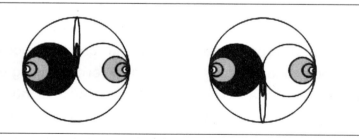

La serpiente de la manzana.

Perdía sus patas o sus plumas durante el desdoblamiento para reencontrarlas al final. La serpiente alada de los amerindios resucitaba al final del ciclo.

ANEXO III

El doble Ana-guellos y el hombre (ana-th-ropos)

La visualización del desdoblamiento de una partícula alfa (α) que es también el primer número ($\alpha = 1$) revela una bifurcación con la forma de la letra griega nu ($\nu = n$). Esto nos permite saber que los griegos conocían el desdoblamiento y su importancia, según el nombre que le daban al doble.

El Creador que se divide en primer lugar es pues ana ($\alpha\nu\alpha$, que quiere decir el Muy Alto, el horizonte, o, como lo definían los Sumerios y los Egipcios, el cielo o la bóveda inaccesible.

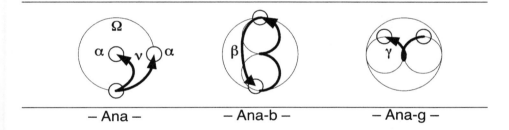

— Ana —   — Ana-b —   — Ana-g —

Esta división no aparece en el tiempo inicial. Esto permite ignorar el desdoblamiento y dar la sensación de una total libertad de acción.

En un segundo tiempo, este desdoblamiento (bêta $\beta = b = 2)\alpha\nu\alpha\text{-}\beta$ crea a?a-ß. Es la Criatura que intenta «subir hacia arriba[1]».

En un tercer tiempo, el desdoblamiento (gamma $\gamma = g = 3$) crea $\alpha\nu\alpha\text{-}\gamma$. Es el enviado (en griego elos, en hebreo elohim) en el futuro de ana, es decir ana-g-elos, contraído en agguelos.

En la antigüedad, ana-g-elos era el «mensajero de los tiempos», el Doble de la Criatura que da al Creador noticias de un futuro potencial

---

1. Anab = prefijo griego que aporta pensamiento de eternidad (anabaiveo) y de intercambio por reptación sinuosa como la serpiente (anaibainon).

permanente. Una buena y rápida noticia por su parte se volvía un eu-agguelos (evangelio)[2].

Al final del primer desdoblamiento, en el noveno tiempo (en griego, 9 = teta = ξ = th) se había vuelto el borrador (ropos) del Muy Alto (ana), el inaccesible del cielo.

Él era el ana-th-ropos o «el Hombre» (anthropos). Y aquél que vive en el futuro del Hombre se vuelve el hijo del Hombre.

El Agguelos es el Hombre, o imagen del Creador en nuestro futuro: «Dios creó al Hombre a su imagen», nos dice la Biblia. El doble es el hombre, o imagen del creador. Y cada doble explora a toda velocidad el futuro deseado por el Creador. Y cada Agguelos explora a toda velocidad el futuro deseado por su criatura. A través de los intercambios de informaciones con el Creador, le permite a éste sobrevivir y sobre todo, vivir bien. Podemos decir, que si el Creador es el Dios en un tiempo ralentizado o pasado, los dobles son las manifestaciones reales de Dios en un tiempo acelerado creando el futuro de la Criatura.

---

2. Después del comienzo α, ε viene después del tiempo 4 (δ) y antes del final Ω, ν está después del tiempo 400 (τ).

ANEXO IV

El final apocalíptico de los siete tiempos del desdoblamiento

Antiguamente, todo el mundo sabía que la aceleración del tiempo se terminaba en las «tinieblas» de los futuros potenciales peligrosos, encerrados en los infiernos de la «noche de los tiempos», ahí en dónde el tiempo se alarga durante «siglos y siglos».

Un tiempo siempre tiene unas aperturas en dónde se esconde otro tiempo. Según esta ley, el séptimo día del Creador posee pues su propio futuro. Para conocerlo, hay que pasar las siete velocidades de ese tiempo que abre la «séptima puerta» de los Infiernos, aquélla que quita al inmortal su «vestimenta pala de Señorío», decían los Sumerios[1]. ¿No sería ésta la que según la Biblia «desnudó» a Adán y Eva?

El desdoblamiento de alfa ($\alpha = 1$) en el tiempo 4 ($\delta = 4$)), o sea $\alpha\delta\alpha$, permite hacer el vínculo entre el pasado a y el futuro Ω. Este vínculo es el centro μ (mu) del alfabeto griego en el que α es el primero y Ω el último. De ahí la criatura Adán ($\alpha\delta\alpha\mu$). Antes del final de ese desdoblamiento, en el octavo tiempo ($\eta = 8$), un segundo desdoblamiento ($\beta = 2$) da la criatura $\eta\beta\eta$ en el que Eva significa virgen o púbera. Hebe (Eva en latín), hija de Zeus vierte el néctar de la inmortalidad.

Estas criaturas pueden crear un potencial por desdoblamiento en el tiempo 5 ($\varepsilon = 5$) dando así en el presente del tiempo 4 ($\delta = 4$) un vínculo con el futuro n = υ (vu), letra justo después de m = μ (mu). Este potencial es pues el edén ($\varepsilon\delta\varepsilon\nu$) en dónde pueden cultivar la tierra ($\gamma\varepsilon o$) por desdoblamiento r (o ρ).

---

1. *Cramer, la Historia empieza en Sumer,* Ed. Champs-Flammarion, 1994 (francés).

¿No podría este edén ser la (γεο–ρ–γεο) o Georgia?

La física del desdoblamiento se esconde detrás de las veintisiete letras griegas. ¿No es ésta la mejor manera de indicar las veintisiete bifurcaciones del laberinto de los tiempos? Eva salió en verdad de la costilla de Adán pero no en el sentido en el que lo entendemos. La raíz cuadrada de una cifra, en griego, se llama *pleura* que también significa la costilla del hombre. En sumerio se le llama *ti* y *nin-ti* diosa de la vida y es también llamada la dama de la costilla. El contrasentido es normal si el traductor desconoce la importancia de la raíz cuadrada de la cifra ⊠. Este número expresa las rotaciones. Acordaros de vuestras clases de primaria: ¡Media vuelta en un círculo de radio R es igual a μR!

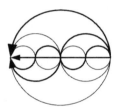

Sea cual sea el camino tomado para ir de un lado al otro del diámetro, el trayecto sobre los diferentes círculos de la figura superior, siempre es igual a πR. Ahora bien, el diámetro de 2R de largo puede ser considerado como una sucesión de pequeñísimos círculos en los cuales el trayecto seguirá siendo πR.

Para cambiar la escala de observación, basta pues con cambiar 2R por πR modificando a la vez el espacio definido por la longitud R y el tiempo de rotación definido por π. Es de esta manera que la raíz cuadrada de π, o «costilla del hombre» en griego y sumerio, se vuelve la constante universal del desdoblamiento.

Esta costilla humana no es resultado de la casualidad, es una representación del movimiento de desdoblamiento. La columna vertebral y las costillas ilustran perfectamente una hábil pedagogía comprensible por la mayoría.

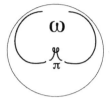

Estas informaciones deberían permitirnos aguantar hasta el periodo apocalíptico, y de hecho estamos en él sin saberlo. Vivir el final de los tiempos con todo conocimiento de causa nos permitiría una percepción del futuro y del pasado de manera que nuestros desordenes corporales y planetarios mejorarían rápidamente.

Nuestros antepasados veían en ello una época de falsos profetas seguida de otra en la que las curaciones serían espectaculares. Sólo quedaría el «estado presente» bien equilibrado entre el pasado y el futuro, dicho de otra manera en griego: *parousie.* Esta palabra fue mal traducida dándole el sentido de curación milagrosa. Se trata en realidad de poder recobrar el equilibrio inmediato tras un presente desestabilizador. Sólo el final de los tiempos permite esta hazaña.

Hace ya algún tiempo que los gurús fanáticos y a veces asesinos, a menudo presionan fuertemente, anunciando un «nuevo tiempo» basado en un proselitismo o un terrorismo inquietante cuyo sectarismo nos hace temer lo peor. No nos beneficiamos todavía de a parousie porque, sencillamente, la ignoramos. Sin embargo, la época apocalíptica actual en que vivimos puede volver a poner en pie un cuerpo deteriorado por la falta de conocimiento de las leyes del desdoblamiento. Este equilibrio puede conseguirse rápidamente puesto que podemos utilizar la aceleración fulminante del tiempo, si tenemos el modo de empleo adecuado para distinguir el pasado del futuro. El equilibrio es siempre saber encontrar la respuesta futura adecuada a la pregunta pasada adecuada y no perderse en preguntas provenientes de un futuro sin interés alguno.

ANEXO V

El desdoblamiento de los tiempos permite a un Creador utilizar las aperturas de su tiempo inicial (pasado) para hacer evolucionar a Criaturas en un tiempo acelerado (presente)

Cada una de sus Criaturas dispone, en sus propias aperturas temporales, de un Doble capaz de crearle un futuro potencial.

Tiempo 0	Banco de datos iniciales	*Luz*
Tiempo 1: Pasado de las Criaturas	= **Presente del Creador**	
Tiempo 2:		
Tiempo 3		
Tiempo 4: **Presente de las Criaturas** = **Futuro del Creador**	= Pasado de los Dobles	
Tiempo 5		
Tiempo 6		
Tiempo 7: Futuro de las Criaturas	= **Presente de los Dobles**	
Tiempo 8	Futuro inaccesible	*Tinieblas*

Al principio del último desdoblamiento de lostiempos, nos hemos vuelto mortales y nos hemos quedado en el futuro de nuestro doble, en el octavo tiempo, es decir en las aperturas temporales imperceptibles del séptimo tiempo. Las antiguas civilizaciones sabían que podíamos atravesar ese lugar infernal pasando las siete puertas de los infiernos.

				Luz
Tiempo 1:	Pasado ↓	Creador		
Tiempo 4:	Presente ↓	Criaturas inmortales		
Tiempo 7:	Futuro ↓	Sus Dobles + **nuestros Dobles**		= 1
				Tinieblas
Tiempo 10:	Presente de los mortales ↓	**Nosotros** ↓		= 4
Tiempo 13:	Futuro de los mortales creado por	**desconocidos**		= 7
			Infiernos	= 8

Sin futuro, hace falta ser dos, como Adán y Eva, para utilizar la ley vital de los tiempos. Uno de ellos se queda en el pasado, el otro en el futuro. De esta manera el presente puede ser cambiado pero sin beneficiarse de los intercambios de información.

1. El pasado:	**El Doble de Adán**
	↓
4. La Tierra (posibilidad de encarnación mortal):	**Adán y Eva (el Edén)**
	↑
7. El futuro:	**El Doble de Eva**

Necesidad de complicidad entre el futuro y el pasado para el presente.

Esta peligrosa exploración a dos, arrastra a los exploradores imprudentes hacia las tinieblas. En esos espacios infernales, nuestros cómplices de antaño, hoy en día nos manipulan, haciéndose pasar por los dioses de nuestro futuro, cuando, si conociésemos la ley, serían sólo los servidores.

Las aperturas temporales de nuestro séptimo tiempo nos esconden la orilla de lo invisible «Hades» de la mitología griega, el «Kur» de los Sumerios, el «Scheol» de los Hebreos en donde se encuentran «los lloros y el chirriar de dientes».

Los siete primeros tiempos de nuestra luz
↓

Tiempo 1	El Creador (inaccesible)	
Tiempo 4	Las Criaturas Inmortales (inaccesibles)	
Tiempo 7 = nuestro tiempo 1	Los dobles	
Tiempo 11 = nuestro tiempo 4	Nosotros	
Tiempo 14 = nuestro tiempo 7	Desconocidos del futuro	= su tiempo 1
Tiempo 17	Su futuro (inaccesible)	= su tiempo 4
Tiempo 20	El Cheol, el Hades, el Kur	= su tiempo 7

↑
Los siete tiempos de nuestras tinieblas

ANEXO VI

La decorporación utiliza una energía de antigravitación

El intercambio de los cuerpos energéticos nos lleva:

- O hacia el tiempo ralentizado de nuestro Agguelos que fabrica nuestro pasado luminoso:

		1er intercambio		
Tiempo 1.	**Los dobles**	Nosotros		
		↓ ↑		2º intercambio
Tiempo 4.	Nosotros	**Nuestro doble**		Un desconocido
				↓ ↑
Tiempo 7.	Desconocidos			Nuestro **doble**

El intercambio de los cuerpos energéticos en dos tiempos.

- o hacia el tiempo acelerado de desconocidos que fabrican nuestros futuros tenebrosos:

Tiempo 1	**Los dobles**	
		Una sola clase de intercambios
Tiempo 4	Nosotros	Desconocidos
		↓ ↑
Tiempo 7	Desconocidos	**Nosotros**

El intercambio sin el control del doble.

Procedente de la teoría, el teorema de las tres energías del desdoblamiento ha demostrado la existencia de esta energía de antigravitación. Representa 666 milésimas de la energía total, equilibrando las 333 milésimas de gravitación[1].

En el universo existen esas 666 milésimas. La teoría del desdoblamiento muestra que corresponden a una fuerza de expansión del espacio y de aceleración del tiempo. Nadie creía en ello. Por suerte,

---

1. Ver publicaciones científicas en la web: www.garnier-malet.com.

dos observaciones recientes del cosmos han permitido comprobar la existencia de esta energía totalmente desconocida. Eso ha hecho que el teorema aquí arriba sea aceptado.

Saul Perlmutter de la Universidad de Berkeley en California y Brian Schmidt de la Universidad Nacional Australiana observaron en 1998, cada uno por su lado, una supernova (explosión de una estrella). Dedujeron que una energía desconocida representando el 66,7% de la energía total del universo se oponía a la gravitación, conllevando una expansión del espacio observable. Tras muchas tergiversaciones, a veces útiles pero, a menudo estériles, la comunidad científica conservadora terminó por aceptar sus conclusiones sin por ello conocer la causa relacionada con el desdoblamiento del espacio y del tiempo. Las explicaciones actuales no son ni mucho menos claras. Así pues, en la revista La «recherche» (la investigación) de enero del 2003, podemos leer esta explicación muy sorprendente:

> Los diferentes experimentos realizados nos llevan a la conclusión de la dominación de una entidad desconocida que posee un efecto repulsivo sobre la estructura del espacio (energía negra = 65% de la energía total).

En realidad, esta energía de 666 milésimas del todo, atrae hacia nosotros el futuro oscuro mientras que 333 milésimas nos aspiran en las aperturas temporales del pasado luminoso. Nos queda una milésima para hacer el equilibrio en nuestro tiempo. Es este pequeño resto el que nos deja una total libertad de movimiento.

Exploramos el futuro o el pasado intentando utilizar la milésima disponible en esos lugares para rehacer nuestra unidad. Si, en cambio, dejamos que sea nuestro doble el que piense en nuestro lugar, sus 666 milésimas de energía vienen a equilibrar nuestras 333 milésimas que, con nuestra milésima disponible en nuestro cuerpo físico, rehacen nuestra unidad.

Anexos **213**

Al final de los tiempos de nuestro desdoblamiento de 25.000 años, un primer período debe conllevar una aceleración brutal de la expansión del universo cuando las aperturas hacia el futuro están abiertas de par en par, o sea desde 1989, fecha de la cuarta de las explosiones solares que marcan el final de los siete tiempos[2].

Luego, en un segundo tiempo, ese mismo equilibrio provoca una contracción igual de brutal en el universo. La observación del cosmos acaba de revelarnos la exactitud de esta previsión. Desde 1999, esta expansión sufre una brusca aceleración. Esto confirma el hecho anunciado por la teoría del desdoblamiento, es decir: nos acercamos muy rápido, por no decir demasiado rápido, a nuestro Apocalipsis. El big bang parece cada vez más real pues el alfa se vuelve omega al final de los siete tiempos del desdoblamiento.

Estas tres grandes energías están siempre a nuestra disposición. Esquemáticamente, nuestro cuerpo físico está sometido a la gravitación mientras que nuestro cuerpo energético padece la antigravitación. Este efecto era controlado antiguamente por los Tibetanos, quienes, alzando su cuerpo energético, conseguían mantener un vínculo con su cuerpo físico: éste podía levantarse ligeramente del suelo. Controlaban así la gravedad por un efecto llamado «levitación». Las abducciones llamadas extraterrestres pueden ser explicadas por intercambios de cuerpos energéticos, controlados por desconocidos de nuestro futuro.

No hace falta entender la ley energética del desdoblamiento para conseguir informaciones en las aperturas temporales que están a nuestra disposición, aunque nuestro cerebro no pueda reflexionar ni entenderlas. Un principio vital debe de ser accesible instintivamente hasta por un niño de pecho pero, para controlarlo, es necesario saber rechazar al futuro para atraer a nuestro doble.

---

2. Ver anexo IV.

Desgraciadamente, seguimos sintiéndonos atraídos por la energía del futuro, las famosas 666 milésimas de las que nos habla el Apocalipsis de San Juan[3]:

Aquí hay sabiduría. El que tiene entendimiento, cuente el número de la bestia, pues es número de hombre. Y su número es 666.

Unimos nuestras 666 milésimas a las 333 milésimas de desconocidos del futuro que nos manipulan, cuando sin embargo deberíamos unir nuestras 333 milésimas con las 666 milésimas de nuestro doble. El total da siempre 999 milésimas pero las informaciones no son las mismas, y los resultados son muy diferentes.

Las energías de intercambios.

En este caso, nuestra libertad ya no existe, nos volvemos marionetas del futuro, cuando podríamos ser los amos en cuanto quisiéramos. Éste ya no es el caso y como escribía San Juan: «Estamos marcados con el número 666.»

Tentados por el futuro, nuestros intercambios de informaciones durante nuestros sueños no funcionan bien. Huyendo de nuestro doble y de nuestras preguntas del pasado, nuestros desequilibrios son continuos, o casi.

En vez de borrar nuestro grave error a principios del ciclo de desdoblamiento, agravamos nuestro estado. Exploramos el futuro de nuestro doble en vez de arreglar nuestros potenciales y no le dejamos el mínimo control.

---

3. Apocalipsis de San Juan XIII-18.

ANEXO VII

El agua transporta y almacena las informaciones

Disponible en las aperturas temporales, el potencial vital es distribuido a cada célula a través del agua que es a la vez depósito y vector de información entre nuestro cuerpo energético y nuestras células orgánicas.

En medicina conocemos el principio homeopático que consiste en poner un producto en dilución en el agua con el fin de transmitir al enfermo una información capaz de curarle. Los numerosos detractores de esta técnica se permiten pues decir que los enfermos beben agua y que en realidad, se curan por sugestión o efecto «placebo».

La teoría del desdoblamiento permite entender y explicar la homeopatía. Es posible dar una información saludable al agua de nuestro cuerpo, la cual puede optimizar nuestro equilibrio[1].

Un adulto está compuesto de 65% de agua.

Un «circuito hídrico» mantiene nuestro cuerpo célula a célula. Es un «transcodificador – descifrador» entre nuestro organismo y nuestro cuerpo energético que envía y capta ondas de continuo.

Las informaciones ondulatorias circulan de inmediato en las aperturas temporales. La onda de un pensamiento circula en el agua infinitamente más rápido que un pez. Se constata la circulación rápida de esas informaciones en los océanos en dónde los tiburones son capaces de descubrir una gota de sangre a 30 Kms. instantáneamente.

La dilución de una gota en el océano ni siquiera es homeopática, es casi infinita. La información circula más rápida que la gota de sangre que se agita en el agua. El tiburón se precipita inmediatamente hacia lo que él piensa es una buena comida. Por eso, se recomienda

---

1. Ver publicaciones científicas en la web: www.garnier-malet.com.

a los heridos que nadan en un mar infestado por estos peligrosos predadores, que no se muevan. Esto querría decir que el movimiento es un factor eficaz para el transporte de información.

Los laboratorios homeopáticos conocen bien los beneficios de los movimientos, llamados de dinamización, que diluyen el principio activo distribuyéndolo. Antiguamente, algunos investigadores lo hacían a mano siguiendo el ritmo de los latidos del corazón.

La palabra, la música, el canto, los mantras, los encantamientos también pueden fijar las informaciones en nuestro cuerpo energético gracias a nuestro circuito hídrico. Experiencias realizadas han demostrado que una música de Beethoven o de Mozart reestructuran el agua. Al contrario, la violencia de ciertas músicas modernas la desnaturaliza[2] todavía más que los nitratos.

Los sonidos, beneficiosos o malos, pasarían así mismo por los «túneles de los sueños». De ahí la importancia del ritmo para recalcar las palabras. Sabemos que la Iliada y la Odisea, así como la Biblia, eran relatos épicos acompasados según reglas precisas. Hoy en día, la lectura del Corán mantiene esta tradición primordial que permite una memorización más rápida.

El agua es el soporte fundamental de toda información. Sin ella nunca habría habido vida en la tierra. Está presente desde el mismo momento de nuestra concepción: el embrión de un mes está colmado de agua, 98%, (el porcentaje de la medusa es de tan sólo 96%).

Un feto es un producto puramente homeopático en el cual las células se diferencian según un orden preestablecido.

El agua siempre ha sido considerada como una fuente de información. Desgraciadamente, nuestra civilización actual la trata sólo como un líquido que quita la sed y necesario a la vida.

---

2. Experimentos de Masaru Emoto, 2001, Message of water, Ed. Hado Kyaikusha Co, ltd.

La polucionamos y la despolucionamos químicamente sin pensar que modificamos de esta manera nuestras informaciones y nuestro potencial colectivo. Las virtudes del agua dependen del lugar que ha engendrado múltiples futuros. Hoy en día, ¿qué almacenan nuestras estaciones de depuración? Sabemos potabilizar el agua pero ¿la desinformamos de su pasado dañino? El agua salobre de un pozo del Sahara posee sin duda más bacterias peligrosas pero menos informaciones detestables que un agua despolucionada que sale de uno de nuestros depósitos.

Las antiguas civilizaciones conocían el poder escondido del agua. En el tiempo bíblico, el bautismo se realizaba por inmersión del cuerpo en el agua de un río o de un manantial. ¿No era ésta una forma sencilla de recibir una información vital?

¿Por qué los pueblos de India y de Oriente Medio se servían del agua pensando que era capaz de recrear un vínculo con el Creador?

¿Conocían pues la importancia de los circuitos hídricos de nuestro cuerpo que nosotros sólo empezamos a descubrir?

Desde la noche de los tiempos, los hinduistas también han buscado la purificación bañándose en las aguas del Ganges periódicamente. Un cuerpo necesita agua e información para sobrevivir. Recordemos esta frase de Mahoma: «Dios creó a todos los seres vivos a partir del agua.» (Sourate XXIV, 45).

Es una noción totalmente científica: el agua contiene un potencial vital siempre disponible.

Cuando un lugar lleva siglos deshabitado, el agua podría restituir una información pasada a aquél que fuera a beberla.

Los Romanos conocían este principio y la importancia de los manantiales termales que los druidas habían desarrollado mucho antes que ellos. Sabían que no había que molestar la «dinámica» del agua. Construían pues largos viaductos para hacerla pasar lentamente: así pues, el puente del Gard conecta Nîmes (Francia) con un manantial.

Para hacer circular el agua potable, renunciaron al principio del conducto y de los depósitos de agua que utilizaron, sin embargo, para calentar sus casas. No querían «desnaturalizar» o «desbautizar» el agua de la fuente con diferencias de presión o un derrame demasiado rápido.

Los pensamientos desnaturalizan o renaturalizan el agua emitiendo ondas en las aperturas temporales. Para ser eficaz, una «renaturalización» no debería usar un ritual, como una bendición mal entendida, debería enviar una información capaz de dar al agua un futuro potencial despolucionado.

Beber un pensamiento equilibrante en un vaso de agua sucia podría ser más saludable que beber un agua despolucionada por los procesos actuales de depuración.

Hoy en día, los pocos experimentos realizados con un agua «renaturalizada» diluida en agua normal han aumentado la producción de cereales en más del 500% sin contaminar el suelo.

En el aspecto agrícola, las antiguas civilizaciones, una vez más, tenían conocimientos que hoy en día serían útiles conocer para no rehacer los errores de antaño.

Tras un diluvio dramático, el agua escaseó en Babilonia y en Egipto, de la misma manera que podría ocurrir en el mundo entero al final del tiempo de nuestro desdoblamiento que abre de par en par las puertas del caos.

Este cataclismo fue sin duda desencadenado por la caída de un meteorito en Siberia, cambiando de esta manera el clima, causando el deshielo de los glaciares y una subida de las aguas. Algunos llegaron a pensar que las aguas del mar Negro desbordaron, abriendo el estrecho de Bósforo y provocando un enorme maremoto.

Las civilizaciones no se habían desarrollado en pleno desierto. La arena y la sequía invadieron Egipto y el Oriente Medio mucho después de ese diluvio. Se han descubierto obras impresionantes de irrigación en el sur del Golfo Pérsico, que nos permiten suponer esto. Múltiples excavaciones realizadas han quitado la arena a kilómetros de canales: los pastos de los Sumerios eran sin duda muy verdosos, sin duda igual de verdosos que los del Nilo cuya tierra era la al-khimia o la alquimia salvadora.

...y cayó del cielo una gran estrella, ardiendo como una antorcha... y muchos hombres murieron a causa de esas aguas, porque se hicieron amargas.

Apocalipsis de San Juan, XIII-10-11

ANEXO VIII

Proveniente de la teoría, un cálculo sencillo permite conocer la aceleración de los tiempos entre el pasado, el presente y el futuro

En media vuelta en un tiovivo de diez metros de radio recorremos 31,416 metros pues una rotación está siempre caracterizada por el conocido número 3,1416... = π que define también las doce puertas planetarias:

Sol π,

Mercurio 10π/2,

Venus 100πp/4,

Tierra-Luna 1000π/8 etc.

El conjunto Tierra-Luna gira alrededor del Sol. La Tierra realiza 93% de esta rotación y la Luna 7%:

1000π/8 = 392,7 = 365,21 + 27,59 = (Tierra 93% + Luna 7%).

Con un cálculo corrector añadido, obtenemos 365,25 días para el tiovivo terrestre (o sea un año) y 27,5 días para el tiovivo lunar visto desde el Sol lo que, visto desde la Tierra, da la lunación (tiempo que separa dos lunas llenas) de 29,5 días.

El primer tiempo de un espacio desdoblado es siempre una décima parte del espacio inicial.

Nuestro tiempo es la consecuencia de un desdoblamiento del tiempo ralentizado que sólo utiliza una décima parte de 392,7: o sea 39,27 días.

Es también un tiempo ralentizado para un tiempo desdoblado que sólo utiliza la décima parte de un tiempo de tiovivo lunar: o sea 2,75 días.

Las cifras anteriores se redondean en 39 y 3 días.

Nuestro sueño paradójico se desplaza por la noche para corregir esta aproximación.

ANEXO IX

Cada vez más, la Tierra se puebla de niños superdotados. Es el resultado de la próxima yuxtaposición del futuro y del pasado en nuestro presente

La separación de los tiempos se termina antes en el futuro que en el pasado. Criaturas del futuro ya se han reunificado desde marzo de 1989 e intentan ahora encarnarse en la Tierra para acercarse al Creador. Estos niños son llamados índigo, pues su vibración está caracterizada por este color[1]. Sus dobles vienen de las tinieblas y los cubre de un manto negro. El nuestro nos pone el vestido blanco de su luz.

	El Creador[2]	= Su tiempo 1
	Las Criaturas inmortales	= Su tiempo 4
Nuestro tiempo 1	Los Dobles	= Su tiempo 7
Nuestro tiempo 4	Nosotros + Los niños Índigo (encarnación ↑)	
Nuestro tiempo 7	Sus Dobles	= Su tiempo (1 = 4 = 7) ↑

13 de marzo de 1989 = el final de los siete tiempos de las tinieblas

Sin el conocimiento de las leyes del desdoblamiento, arrastrarán al planeta hacia el caos infernal pues sus dobles no se encuentran en nuestro pasado sino que construyen nuestro futuro en nuestras aperturas temporales. Son los dioses caídos de la Biblia, los dioses de la mitología griega o egipcia.

---

1. Cuando el tiempo se ralentiza, las ondas luminosas se alejan y percibís el rojo. Cuando se acelera, se acercan y percibís el azul. Cuando los tiempos se equilibran, se confunden y os encontráis en la luz blanca.

2. El Creador ($\alpha\Omega$) = el Divisible ana ($\alpha\nu\alpha$) = el Indivisible noun ($\nu\Omega\nu$). Noun en egipcio o la protomateria inicial.

Las criaturas que los desdoblan encarnándose en la Tierra con conocimientos sorprendentes pueden volverse los gurús y los falsos profetas del final de los tiempos. Tienen en su memoria las soluciones a los problemas que ya han experimentado en nuestro futuro.

Sus prodigios podrían perturbarnos violentamente a menos que los padres consigan unir los Dobles de estos niños a su propio Doble, creando así un vínculo creador saludable entre el pasado y el futuro. Si no, la incomprensión entre generaciones será total y la violencia ineludible.

ANEXO X

Resurrección

Al principio de nuestra era, para la mayoría de nosotros, nuestros dobles eran ángeles caídos, evolucionando en los futuros prohibidos. Ahora bien, la apertura de nuestro mundo sobre el del Creador permitía la encarnación de una criatura inmortal en la Tierra, manifestándose esta inmortalidad después de la muerte por una resurrección en los tres días y durante cuarenta días.

1. Creador
4. Criaturas Inmortales (entre ellos, Jesús)
7. Sus **dobles**
   (entre ellos, el paráclito) .../cerrojo/...

1. Nuestros **dobles**	*Tras la redención*
4. Nosotros (encarnación)	↑ *redención*
7. Nuestros **dobles**	*Antes de la redención*

El regreso de nuestros dobles hacia la luz.

ANEXO XI

Las leyes de Newton y de Kepler serán inexactas al final de los tiempos

Los físicos todavía ignoran que las leyes de Newton y de Kepler, comprobadas y comprobables en nuestro espacio planetario, serán inexactas al final de los tiempos pues no tienen en cuenta las aperturas temporales y la discontinuidad del tiempo. Cada espacio planetario se instala en una órbita más cómoda. La Tierra puede adelgazar, desarrollando activamente sus volcanes y escupiendo su "sobrepeso" en el espacio, o puede ocurrir que temblores la agiten para repartir mejor su masa. Cuando se ha vuelto demasiado delgada debido a una sucesión de doce regímenes draconianos de dos mil años cada uno, atrae hacia sí las piedras del espacio.

Basado en la continuidad aparente del tiempo, y muy conocido por los alumnos de COU, el cálculo diferencial sigue siendo la base matemática de la física. Las ecuaciones que provienen de ello expresan leyes en un tiempo continuo y observable por aquéllos que, viviendo en el mismo mundo, poseen los mismos relojes. Vuelven paranormales las observaciones físicas en donde el pasado, presente y futuro juegan el mismo rol en el mismo momento.

Estos «volver a poner en su sitio» temporales y cíclicos, pueden igualmente perturbar el magnetismo, invirtiendo a veces los polos. Estas inversiones periódicas son bastante frecuentes. Podemos constatarlo observando las lavas eyectadas por los volcanes. El magnetismo de algunas de sus partículas sólo se activa tras su enfriamiento. La orientación norte-sur observada depende de la posición del polo norte en el momento de la explosión volcánica.

Ha sido pues posible poner una fecha a las inversiones sucesivas que nunca duran más de diez mil años.

La última ha tenido lugar en medio de nuestro ciclo actual de veinticinco mil años, es decir en el momento de una gran apertura caótica. Todavía mal entendida, la aceleración y la expansión del universo corresponde a la aceleración de este final. Las dos últimas explosiones solares podrían tener lugar al mismo tiempo. En ese caso los cataclismos serían dramáticos.

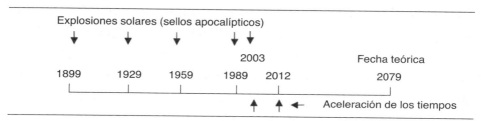

Posible fecha del final de los tiempos.

Ya sabemos prever, por simulación en nuestros ordenadores, que dentro de algunos años, el 75% de las tierras habitables se encontrarán bajo el agua. ¿Debemos realmente esperar que Nueva York sea inundada para que los gobiernos tomen conciencia de la gravedad de la situación planetaria?

REFERENCIAS CIENTÍFICAS

La teoría del desdoblamiento de Jean-Pierre Garnier Malet ha sido publicada en cuatro artículos científicos sucesivos bajo arbitraje científico internacional:

J. P. Garnier-Malet (1998), Modelling and Computing of Anticipatory System: Application to the Solar System, International Journal of Computing Anticipatory Systems. Vol. 2. 132-156, Ed. by D.M. Dubois, Publ. By CHAOS, Liège Belgium.
— (1999), Geometrical Model of Anticipatory Embedded Systems, International Journal of Computing Anticipatory Systems. Vol. 3. 143-159, Ed. by D.M. Dubois, Publ. By CHAOS, Liège Belgium.
— (2000), The Doubling Theory, International Journal of Computing Anticipatory Systems Vol. 5. 39-62, Ed. by D.M. Dubois, Publ. By CHAOS, Liège Belgium.
— (2001), The Three Time Flows of Any Quantum or Cosmic Particle, International Journal of Computing Anticipatory Systems Vol. 10. 311-321, Ed. by D.M. Dubois, Publ. By CHAOS, Liège Belgium

Le siguieron tres publicaciones científicas sobre las aplicaciones de la teoría del desdoblamiento:

J.P. Garnier Malet and al. (2002), The Doubling Theory Can Explain Homeopathy, International Journal of Computing Anticipatory Systems Ed. by D.M. Dubois, Publ. By CHAOS, Liège Belgium.
— (2003), The Relativistic Correction According to the Doubling Theory, Physical Interpretation of Relativity Theory (PIRT VIII) Ed. Michael C. Duffy, University of Sunderland, London.

- (2003), The Explanation of the E.P.R. Paradox and the Big Bang, According to the Doubling Theory, Physical Interpretation of Relativity Theory (PIRT IX) Ed. Michael C. Duffy, University of Sunderland, London.7.

En el 2006, escribí un articulo detallado sobre cómo mi teoría explica los nuevos planetas (o planetoides) descubiertos recientemente en nuestro sistema solar, más allá de Plutón.

J.P. Garnier Malet (2007), The Doubling Theory Corrects The Titius Bode Law and Compute the Fine Structure Constant in The Solar System, American Institute of Physics, Melville, New York.

Se puede encontrar en internet un resumen en francés
de las cuatro primeras publicaciones en:
www.garnier-malet.com.